GERD HABERMANN

RICHTIGSTELLUNG

GERD HABERMANN

RICHTIG STELLUNG

Ein polemisches Soziallexikon

OLZOG

Bibliografische Information Der Deutschen Bibliothek

Die Deutsche Bibliothek verzeichnet diese Publikation in der Deutschen Nationalbibliografie; detaillierte bibliografische Daten sind im Internet über http://dnb.ddb.de abrufbar.

Meinen Eltern in Dankbarkeit

ISBN 3-7892-8182-4

Internet: http://www.olzog.de

Umschlagentwurf: Atelier Versen, Bad Aibling
Satz: Fotosatz & Werbetechnik Reinhard Amann, Aichstetten
Druck- und Bindearbeiten: Ebner & Spiegel, Ulm
Printed in Germany

Inhaltsverzeichnis

Vorwort

Dieses Lexikon ist nichts weniger als „objektiv“ im Sinne der wertfreien Darstellung verschiedenster Positionen ohne eigene Stellungnahme – denn Lexika dieser Art haben wir in ausreichender Zahl und Qualität. Es will vielmehr ein *polemisches Soziallexikon* sein, das im Namen der „Werte des Westens“ (Eigentum, Freiheit, Personalität, Subsidiarität) die schönfärberischen Begriffsverfälschungen sozialer Demagogie aufdecken, oder einfach nur eine klare Definition dessen geben will, worauf es ankommt, wenn die Hauptwerte unserer Zivilisation überleben sollen. Nur insoweit füllt es eine Lücke zum Vorteil jener Freiheitsfreunde, die für echte Sozialreformen eintreten: Nämlich für eine Rückführung des Staates auf ein unumgängliches Minimum und für eine freie Weltwirtschaft im Zeichen der „Globalisierung“. In diesem Sinne ist es auch vor allem ein *antibürokratisches* Lexikon.

Natürlich decken die über 300 Artikel nicht all das ab, was hätte aufgenommen werden können. Auch sind nur einige wenige Personenartikel eingefügt. Die Literaturhinweise, inklusive der kleinen Bibliographie am Schluss, sind recht knapp gehalten. Man kann dieses Lexikon auch im Zusammenhang lesen – dann ist es wie eine Einführung in freiheitliches Denken.

Ich danke den Freunden oder Mitarbeitern, die mir bei der Sammlung der Stichworte behilflich waren und Anregungen gaben. Ich nenne zunächst meine Kollegen im Unternehmerinstitut der ASU, *Dr. Peer-Robin Paulus* und *Dr. Elmar Waldschmitt*. Ferner die Schweizer Freunde, besonders *Robert Nef*, schließlich *Hardy Bouillon*, *Roland Baader* und dem kürzlich verstorbenen *Gerard Radnitzky*. Der *Arbeitsgemeinschaft Selbständiger Unternehmer* danke ich für wohlwollende Unterstützung, ebenso der *Friedrich August von Hayek-Gesellschaft* und dem *Liberalen Institut* der Friedrich-Naumann-Stiftung, namentlich *Dr. Detmar Doering*.

Eine (verkürzte) Version dieses Soziallexikons erschien im Sommer 2005 in einer Artikelreihe der „Welt.“

Gerd Habermann — Berlin und Werder, Anfang Mai 2006

Einleitung: Die Sprache verrät die Denkweise

Ein Tabu ist ein Verbot bestimmter Handlungen. Vom Wertstandpunkt der freien Gesellschaft aus gesehen, gibt es „gute" und „böse" Tabus, je nachdem, ob sie für den Erhalt der freien Ordnung nützlich oder schädlich sind. Das polynesische Wort bezeichnet ein Verbot, das instinktiv befolgt wird, ohne dass Gründe angegeben werden. Das heißt nicht, dass es für manche Tabus keine guten Gründe gäbe. Im Gegenteil! Alles spricht z. B. dafür, dass eine Gesellschaft Wohlstand und Freiheit verliert, wenn der Respekt vor Eigentum, vor dem „Pacta sunt servanda" und der Wahrheit verschwindet. Wer die freie Gesellschaft will, kann diese „Tabus" nicht ohne Selbstwiderspruch verwerfen.

Es gibt eine zweite Sorte von Tabus, die „bösen". Die Gründe, die für sie vorgebracht werden, sind meist Scheinargumente. Es handelt sich um Frage- und Redeverbote. Sie sollen selbständiges Denken verhindern, sie dogmatisieren und führen zur totalitären Gesellschaft. Mit diesen „bösen" Tabus bricht Gerd Habermann. Sein *polemisches Soziallexikon* entlarvt den weit verbreiteten Missbrauch der Sprache im gesellschaftspolitischen Milieu.

In Deutschland (wie auch in anderen westlichen Demokratien) werden die „Tabus" von Eigentum und Vertrag seit langem ausgehöhlt. Sogar das Bundesverfassungsgericht, das sie verteidigen sollte, hat dabei mitgewirkt. Andererseits gibt es jede Menge von Frageverboten. Wohlfahrtsstaat und Demokratie (meist undefiniert) gehören zu den Begriffen, die weitgehend tabuisiert sind. Von der politischen Korrektheit abzuweichen, heißt, ein „böses" Tabu zu verletzen. Das konforme Verhalten wird heute „politisch korrekt" genannt; früher wäre schlicht von Opportunismus, Feigheit oder Speichelleckerei die Rede gewesen. Es handelt sich hier also um alten Wein in neuen Schläuchen.

Die deutsche politisch korrekte „Neusprache" strotzt vor Euphemismen und offensichtlichen Tatsachenverdrehungen: Freiheit als Abwesenheit von Zwang wird zur „positiven Freiheit" im Sinne von sozialer Sicherheit oder Versorgung (so dass der versorgte Kettenhund „frei“, der wildlebende Fuchs „unfrei“ wird); Gerechtigkeit wird zur „sozialen Gerechtigkeit“ im Sinne von sozialer Nivellierung; Forderungen werden zu „Sozialrechten“, „Sozialpartnerschaft“ steht für das mächtigste Kartell der deutschen Geschichte, das für die strukturelle Massenarbeitslosigkeit hauptverantwortlich ist. Die „Rentenversicherung“ hat nichts mit Versicherung zu tun. Es handelt sich hier um eine erzwungene Umverteilung. Pikant ist z. B. auch der Euphemismus „Generationenvertrag“, weil er den Begriff „Vertrag“ ad absurdum führt: Mit Kindern oder mit noch Ungeborenen kann nämlich kein Vertrag geschlossen werden.

Eine der Folgekosten der Missachtung der Wahrheit durch den Druck der politischen Korrektheit besteht darin, dass durch den damit verbundenen Realitätsverlust rationales Problemlösungsverhalten erschwert oder gar verhindert wird. Ein Beispiel ist die Tarifautonomie. Sie ist für die Organisierbarkeit von Gewerkschaften wichtig und ist eines der Haupthindernisse für einen Abbau der hohen Sockelarbeitslosigkeit; sie führt zu ökonomisch irrationalem Verhalten und zu gesellschaftlich suboptimalen Institutionen. Die Wächter der politischen Korrektheit haben die Tarifautonomie zu einer Art Grundrecht erklärt. Wer diese heilige Kuh kritisiert, wird bereits im Vorfeld des gesellschaftlichen Diskurses ins politische Abseits gestellt – ein bewährtes Mittel, um eine sachliche Diskussion zu verhindern.

Eine Sanierung der durch die politisch korrekte Neusprache verschmutzten intellektuellen Umwelt wäre eine der ersten Maßnahmen, um den „Weg zur Knechtschaft“ zu stoppen. Habermanns *polemisches Soziallexikon* erweist sich dabei als ein höchst wirksames Werkzeug für Deutschlands sozialpolitische Dauerbaustelle Nr. 1.

em. O. Prof. Dr. Gerard Radnitzky, Trier (†)

Von Abgabenquote bis zur Zwei-Klassen-Medizin

A

Abgabenquote
Koeffizient für das Maß der Entmündigung einer Gesellschaft. Es beschreibt das Verhältnis der Gesamtheit von Steuern und Sozialbeiträgen zum Bruttoinlandsprodukt in jeweiligen Preisen. *Zwangsabgaben sind monetär festgelegte, indirekte*

Was bleibt Netto?
Deutscher, amerikanischer, japanischer Facharbeiter im Vergleich (Schraubenindustrie)

Deutscher Facharbeiter
34,3 % netto

Vergleichbarer Facharbeiter in den USA
60,8 % netto

Vergleichbarer Facharbeiter in Japan
67,6 % netto

Eine Beispielrechnung aus dem Sauerland

Echtes Brutto .... *€ 3.962*
(mit Arbeitgeberanteil)

„Brutto" .... *€ 3.116*
(abzüglich Arbeitgeberanteil)

„Netto" .... *€ 1.948*
(abzüglich direkter Steuern und Sozialabgaben)

Echtes Netto .... *€ 1.363*
(abzüglich Mehrwertsteuer und Verbrauchersteuern)

.... *(=34,3%)*

Quelle: Günter Ederer (2000)

Zwangsarbeit für den Staat. Diese Abgabenquote stieg im wohlfahrtsstaatlichen Deutschland von 1960 mit etwa 30 Prozent auf etwa 40 Prozent des BIP in 2005. Sie dürfte damit weit höher liegen als im 18. oder 17. Jahrhundert und selbst im Mittelalter. Der Kern eines künftigen Sozialprogramms müsste in der teilweisen Rückgabe dieser Gelder an die Bürger bestehen: in einer *Reprivatisierung der Einkommensverwendung.*

Administrierte Preise

Ein irreführender Ausdruck: Diese „Preise" haben nichts mit den Knappheitspreisen des Marktes zu tun, sondern sind politisch manipulierte Gebühren mit häufig steuerähnlichem Charakter. Dazu gehören etwa die Tarife oder Gebühren im Bereich der „Daseinsvorsorge" wie bei der Müllabfuhr, der Wasser- und Energieversorgung, die Zwangsgebühren oder Quasisteuern der öffentlichen Rundfunksender (*auch bei Nichtnutzung öffentlicher Programme zu zahlen!*), die Abgabepreise der Apotheken usw. Sie können über oder unter den Knappheitspreisen des Marktes festgesetzt werden und unterliegen häufig dem populistischen Kalkül des Stimmenfangs. Auch sind sie vielfach an den bei fehlendem Wettbewerb irrationalen Grundsatz der „Kostendeckung" orientiert, der eine beliebige Kostenmacherei erlaubt. Der Staat ist in diesem Bereich häufig Inflationstreiber! Groß ist die Gefahr monopolistischer Ausbeutungsprofite überall dort, wo die Kunden sich einem Abnahme- oder Anschlusszwang gegenübersehen, z. B. im Fernmeldebereich oder in der Energieversorgung, bei der Abfallentsorgung usw. Monopolistischer Gemeinde- oder Staatskapitalismus ist wegen politischer Eingriffsmöglichkeiten und der ständigen Korruptionsgefahr (Selbstversorgung von Politikern) gefährlicher als ein „privatmonopolistischer Kapitalismus", soweit es letzteren überhaupt – ohne staatliche Absicherung – bei Existenz eines freien Weltmarktes geben kann. Die monopolistische Ausbeutung geschieht hier überdies mit „gutem" Gewissen, da man ja „demokratisch legitimiert" ist. Die demokratische Kontrolle ist indessen in diesen Fällen häufig eine reine Fiktion. Der Gemeinderat ist zu effektiver Kontrolle nicht in der Lage, er ist nur ein gewähltes Laiengremium, eine Freizeiteinrichtung, häufig nicht einmal mit dem betriebswirtschaftlichen Zahlenwerk, das ihm eine Beurteilung der Wirtschaftlichkeit erlaubte. Die Gemeindehaushalte stecken überwiegend immer noch im reinen Kameralismus, der im 17. Jahrhundert für fortschrittlich galt.

Agenda 2010

Nach fünf verschwendeten Regierungsjahren zaghaft konzipiertes Reformprogramm der Regierung Schröder aus dem Jahre 2003, das einige brauchbare Ansätze enthält, die jedoch nur teilweise ausgeführt wurden. Insgesamt: *zu wenig zu spät.* Die viel besprochenen Hartz-Gesetze bringen keine Arbeitsplätze, sondern verwalten die Arb eitslosigkeit vielleicht etwas besser als vorher, aber nicht einmal das ist sicher. Die Regierung Merkel, mit der SPD in den entscheidenden Ministerpositionen, führt diese mutlos-zaghafte Linie fort. Anders als die Labour-Party in Großbritannien hat die SPD die lange Oppositionszeit (unter Kohl) nicht zu einer programmatischen Reform genutzt und stand so praktisch bei der Regierungsübernahme 1998 geistig-konzeptionell unvorbereitet – nur mit den traditionellen Umverteilungsparolen – da. Auch die CDU/CSU konnten sich bisher zu keiner klaren ordnungspolitischen Positionen durchringen.

Agrarpolitik

Eine Filiale der Sozialpolitik, aus dem Motiv, einer Berufsgruppe durch staatliche Eingriffe die Anpassung an die Märkte zu ersparen und einen „paritätischen" Lebensstandard zu sichern. Ein Missbrauch, der bereits in der Bismarck-Zeit begann und von der Europäischen Union in anderer Art weitergeführt wurde. Kern ist eine so genannte „Ordnung", in der Politiker Preise manipulieren, Abnahmegarantien aussprechen, Einkommenshilfen gewähren, Wettbewerb durch Zölle behindern und durch subventionierte Ausfuhr von überproduzierten Agrarartikeln die Weltmärkte, namentlich die Wirtschaftsmöglichkeiten der Entwicklungsländer, beeinträchtigen. Die Agrarpolitik ist der chaotischste Teil der europäischen Politik und verbraucht den größten Teil des EU-Budgets. Den Preis für diese „Unordnung" tragen die Bürger bzw. Verbraucher in Form höherer Steuern bzw. höherer Nahrungsmittelpreise und die Entwicklungsländer in Gestalt unfairer Konkurrenz. Freie Agrarmärkte wären die beste Entwicklungshilfe!

Allgemeinverbindlicherklärung

Letztes Mittel des Arbeitsmarktkartells aus Gewerkschaften und Arbeitgeberverbänden, sich unter fragwürdiger Berufung auf ein „öffentliches Interesse" durch Diktat des Arbeits- oder Sozialministers gegen „Außenseiterkonkurrenz" durchzusetzen. Durch die Allgemeinverbindlicherklärung werden Entgelt- oder Rahmentarife für alle Unternehmen einer Branche verbindlich, auch wenn sie gar nicht Mitglied von Arbeitgeberverband oder Gewerkschaft sind. Es handelt sich hier um ein höchst fragwürdiges Zwangsmittel der Regierung, das mit den Grundsätzen einer freien Gesellschaft nicht zu vereinbaren und weder sozialpolitisch noch ökonomisch sinnvoll ist. Es dient allein dem Konkurrenzschutz und vergrößert nur die Arbeitsmarktprobleme. Es gibt derzeit etwa 550 Allgemeinverbindlicherklärungen, die sämtlich aufgehoben werden sollten.

Altersgrenze (gesetzliche)

Ein Anachronismus aus dem 19. Jahrhundert: die gesetzliche Festlegung der Rentenberechtigung und damit des Ausstiegs aus dem Arbeitsleben (gesetzlich: derzeit 65/67 Jahre; faktisch ca. 60 Jahre) nach Vorbild des Beamtentums. Sie berücksichtigt nicht die Verlängerung der Lebenserwartung und der Leistungsfähigkeit seit dem 19. Jahrhundert um Jahrzehnte, zwingt häufig noch voll leistungsfähigen Menschen einen so genannten „Ruhestand" auf. Diese inzwischen sehr niedrige Grenze führt im Zeitalter des demographischen Umbruchs und bei Umlagefinanzierung der Rente zu einer unzumutbaren Belastung der erwerbstätigen Beitragszahler und sprengt auf diese Weise den so genannten Generationenvertrag. Der vorzeitige Rückzug aus dem Arbeitsleben wird sogar subventioniert, ohne dass dies, wie erhofft, einen positiven Schub für die Schaffung von Arbeitsplätzen auslöst. Eine baldige Freigabe dieser Grenze ist heute unvermeidlich, auch wenn die Politiker noch davor zurückscheuen. Das Ideal ist vollkommene persönliche Freiheit in der Wahl des Termins für den Rückzug aus dem Arbeitsleben. Dies setzte freilich eine (ohnehin unvermeidliche) Gesamtreform unserer gesetzlichen Rentenversicherung voraus.

Altersversorgung

Die Alten werden in Deutschland ganz *überwiegend vom Staat* versorgt. 85 Prozent des Alterseinkommens der Arbeitnehmer bestehen bei uns aus staatlichen Renten, eine im internationalen Vergleich extrem hohe Zahl (sonst 40 bis 60 Prozent). Deutschlands Rentner erfreuen sich derzeit historisch einmalig hoher Einkommen, freilich erkauft mit gewaltigen Zuschüssen aus Steuermitteln (derzeit ca. 75 Mrd. Euro pro Jahr) und hoher Beitragsbelastung der Erwerbstätigen (ca. 20 Prozent). Da alle Reserven aufgelöst wurden, ist eine „Rente auf Pump", wenn Beiträge und Steuerzuschüsse konstant gehalten werden sollen, bereits monatsweise eingetreten. Das Äquivalenzprinzip – ein kalkulierbares Verhältnis zwischen eingezahlten Beiträgen und späterer Rente – gibt es bei dieser „Versicherung" nicht. Die „Dynamisierung" hat seit den fünfziger Jahren den genauen mathematischen Zusammenhang aufgehoben. Die Altersversorgung wird eines der größten kommenden Probleme Deutschlands. Nur durch längere Arbeitszeiten und Selbsthilfe der Rentner wird dieses Problem in humaner Weise bewältigt werden können. *Zentral wichtig dabei ist der Aufbau eines privaten Kapitalstocks.*

„Amerikanische Verhältnisse"

Unter der Floskel „Wir wollen keine amerikanischen Verhältnisse!" sollen echte Reformen abgewehrt werden. Dies beruht jedoch auf einer Verkennung dieser „Verhältnisse". Beispiel Arbeitsmarkt: In den USA haben nur 18 Prozent der Erwerbstätigen Angst vor Arbeitslosigkeit, in Deutschland sind es 30. Der Wiedereinstieg in Arbeit nach drei Monaten beträgt in den USA 74 Prozent, in Deutschland 17 Prozent. Die Massenarbeitslosigkeit und vor allem die Langzeitarbeitslosigkeit ist eine direkte Folge des „unamerikanisch" rigiden deutschen Arbeitsrechts und der guten Sozialversorgung. Das liberalere Arbeitsrecht in Amerika – sowie auch der Schweiz – sorgen dafür, dass man nicht nur leichter entlassen, sondern auch leichter eingestellt werden kann (hire and fire and – *rehire*!, was oft vergessen wird!). Arbeitslosigkeit lastet in Deutschland auf den Betroffenen also weit schwerer als in den USA.

Literaturtipp: Olaf Gersemann: Amerikanische Verhältnisse (2004)

Anarchismus

Es gibt einen „guten", d. h. individualistischen und einen „schlechten", d. h. kollektivistischen Anarchismus. Beim ersteren geht es darum, eine vollständige Privatrechtsordnung herzustellen, in der selbst Erzwingungsrechte zur Verteidigung von Leben und Eigentum in der Hand von privaten Individuen oder Firmen, etwa Versicherungsagenturen, liegt. Eine unter modernen Bedingungen kaum durchführbare Utopie, die gegenwärtig besonders von Murray N. Rothbard und Hans-Hermann Hoppe vertreten wird. Der „schlechte" Anarchismus beginnt mit einer „Vergemeinschaftung" des privaten Eigentums durch Kollektive, die zwar den Staat beseitigen, aber an seine Stelle nur die Willkür von nonzentralen Kollektiven, etwa Kommunen, setzt. Schon wegen seiner Feindschaft zu Privateigentum und Marktwirtschaft ist dieser Anarchismus utopisch im schlechten Sinn. Er ist dem Sozialismus verwandt: „Sozialismus ohne

Staat“. Hauptvertreter: Die russischen Theoretiker Kropotkin, Bakunin und Netschajeff.
Literaturtipp: Murray N. Rothbard: Ethik der Freiheit, St. Augustin 1999.

Angebotsorientierte Wirtschaftspolitik
Einzig wirksame Methode der Wirtschaftsbelebung: anstelle illusionärer Steuerungsversuche über eine – mit Verschuldung oder Inflation erkaufter – Erhöhung der „Gesamtnachfrage“ nach keynesianischen Formeln knüpft diese Politik bei den „Anbietern“, den „Unternehmen“ an, die durch Steuerentlastung und Deregulierung gefördert werden. Angebotsorientierte Politik war das Erfolgskonzept der amerikanischen Regierung unter Ronald Reagan und in Margaret Thatchers England sowie auch bei Neuseelands Reformen. Jede „nachhaltige“ Reform muss auf diesen Ansatz zurückgreifen.

Angestelltenversicherung
Die gesonderte staatliche Zwangsversicherung der Angestellten ist ein Relikt „ständischen Denkens“ vom Anfang des 20. Jahrhunderts. Sie geht, wie alle Zweige der Sozialversicherung, von der Unfähigkeit des Einzelnen aus, selbst vorzusorgen. Die Bundesversicherungsanstalt für Angestellte in Berlin ist Herr über den Lebenszuschnitt von Millionen Menschen im Alter und zahlt gegenwärtig ca. 8 Millionen Renten aus. Wie auch die sonstige gesetzliche Altersversicherung bildet sie kein echtes Eigentum, sondern nur politisch manipulierbare Ansprüche und verdient es darum, durch kapitalgedeckte, nicht-ständische Einrichtungen ersetzt, womöglich „privatisiert“ zu werden, was – wegen der bestehenden Ansprüche – nur durch lange Übergänge, wie z. B. in Chile und inzwischen auch einigen anderen Ländern, möglich ist.

„Antidiskriminierung“
In jüngster Zeit, z. B. durch die Antidiskriminierungsrichtlinie der Europäischen Union stark missbrauchter Begriff für das politisch-egalitäre Anliegen, die soziale und wirtschaftliche Position angeblich „benachteiligter“ Gruppen durch Eingriffe in die private Entscheidungs- und Vertragsfreiheit zu verbessern. A. ist mit den Grundsätzen einer freien Gesellschaft, vor allem mit dem Grundsatz der Vertragsfreiheit, nicht zu vereinbaren. *Für ihr Ansehen und ihre soziale Geltung sind die jeweiligen Gruppen selbst zuständig.* Jeder persönliche Wahlakt enthält eine „Diskriminierung“ der jeweils Ausgeschlossenen. Diskriminiere ich Blondinen,

wenn ich Brünette bevorzuge, oder BMW gegenüber VW? Der Begriff ist nur sinnvoll im Sinne einer Ungleichbehandlung durch ein allgemeinverbindliches und zwingendes Gesetz. Niemand darf durch Gesetz „benachteiligt", also ungleich behandelt werden. Falsche Antidiskriminierungspolitik hat tatsächlich eine „Diskriminierung" im rechtsstaatlichen Sinne zur Folge, indem es zu bevorzugten Einstellungen oder Vertragsabschlüssen und zu Verbrüderungszwängen mit bestimmten Gruppen kommt. Dies wirkt sich besonders auf den Arbeitsmarkt und im Mietwesen aus. Das stärkste Mittel der Antidiskriminierungspolitik ist die „affirmative action", z. B. durch eine Quotenregelung oder Bonussysteme zugunsten angeblich benachteiligter Gruppen.
Literaturtipp: Udo di Fabio: Die Kultur der Freiheit, München 2005.

„Antidumping"
Politik mit der z. B. Preise von Importgütern und -dienstleistungen durch Zölle, „Abschöpfungen" und andere Manipulationen bekämpft werden, um so für „Gerechtigkeit" zu sorgen und eigene Industrien und Arbeitnehmerschaften gegen angeblich „ruinöse Konkurrenz" zu sichern. Häufig ist dies indessen nur ein Vorwand dafür, das eigene Hochpreisniveau gegen ganz normalen internationalen Wettbewerb zu verteidigen, besonders in der EU. Ein niedriges Lohnniveau, günstige Sozialkosten und Herstellungsbedingungen sind nicht „Dumping", soweit sie den jeweiligen nationalen Knappheitsverhältnissen entsprechen. Antidumpingpolitik kann zu einer besonders verlogenen Form des Protektionismus führen. Mit ihrer Agrarexportpolitik betreibt die EU in großem Maßstab Dumpingpolitik auf Kosten namentlich der Entwicklungsländer, die man gleichzeitig mit „Entwicklungspolitik" zu fördern sucht.

Äquivalenzprinzip
Grundprinzip der Gerechtigkeit: Leistung und Gegenleistung müssen sich entsprechen. Das Äquivalenzprinzip ist die Grundlage eines freien Rechtsstaates. Im Wohlfahrtsstaat wird dieses Prinzip durch zwangssolidarische Umverteilungen, progressive Steuern und Abgaben und politisch manipulierte Preise sowie staatlich verteilte Geschenke („Subventionen") vielfach auf den Kopf gestellt: das heißt Leistung ohne Gegenleistung: *Leben auf Kosten anderer.* Dies ist nur zu billigen bei Unvermögen zur Selbsthilfe. Die *Wiederherstellung der Äquivalenz* ist ein ethischer Zentralpunkt aller echten Sozialreformen.

Arbeiter

Von Sozialpolitikern und Sozialisten hofierte soziale Zentralfigur des 19. Jahrhunderts. Die neue Schicht der Arbeiter wurde möglich durch die Produktivität der industrialisierten Marktwirtschaft, die mehr Menschen am Leben erhalten und besser versorgen konnten als jedes andere Wirtschaftssystem vorher. Trotz der ständigen Verbesserung der Lage der Arbeiter durch die Marktwirtschaft begann bereits im 19. Jahrhundert staatliche Sozialpolitik mit Zwang und Umverteilung auf ihre Lage einzuwirken (z. B. Einführung einer „Arbeiterversicherung"). Durch ihre Eigendynamik und im Wettbewerb der Politiker um Sozialbeglückung wurde aus der gezielten Sozialpolitik für Arbeiter eine Gesellschaftspolitik *für alle*: Die ursprüngliche „Arbeiterversicherung" heißt heute „*Sozial*versicherung", eine Art *Proletarisierungsvorgang*. Dies war von einer Steigerung der Umverteilung und einer extremen Ausdehnung der Zwangsverträge begleitet, die zerstörerisch auf Kapitalbildung, bürgerliches Selbstbewusstsein und Eigenverantwortung wirkte. Liberale Sozialreformer suchen heute die Folge dieser Fehlentwicklung zu korrigieren. Die Arbeiterschicht stellt heute nicht mehr die Mehrheit der Bevölkerung dar. Das Denken moderner Gesellschaften wird vor allem durch die Angestelltenschicht bestimmt.

Literaturtipp: Hans Achinger: Sozial- als Gesellschaftspolitik, 2. Aufl., Frankfurt/M., 1971.

Arbeiterrentenversicherung

Von Bismarck ursprünglich eingeführter Zweig der später so genannten „sozialen Sicherung", um die Arbeiter für den aristokratisch-monarchischen Obrigkeitsstaat zu interessieren (durch Aussicht auf eine Altersrente vom Staat). Bismarck wollte ursprünglich ein steuerfinanziertes System wie heute in Skandinavien, konnte aber nur – bedingt durch den Widerstand besonders der Liberalen – das heutige System der „paritätischen" Beitragsfinanzierung durchsetzen. Einer breiten Schicht von Arbeitnehmern wurde damit die Vertragsfreiheit, die direkte Zuständigkeit für ihre Altersvorsorge genommen. Mit der Abschaffung der Versicherungszwangsgrenze wurde dieses Schicksal definitiv. An die Stelle der Eigenvorsorge trat nun staatliche Fremdvorsorge. Dieses System ist nur zu halten bei gesunder demographischer Grundlage. Heute gerät darum die „Arbeiterrentenversicherung" wie alle anderen Zweige der sozialen Sicherung ins Wanken und weitgreifende liberale Reformen sind notwendig. Mit dem Ausdruck „Versicherung", der seinerzeit aus Sozialdemagogie gewählt wurde, hat diese Versorgungseinrichtung mit ihren Umverteilungs- und Fürsorgeelementen wenig zu tun. Sie bildet überdies kein echtes Eigentum, sondern nur prekäre Ansprüche, die politisch manipuliert werden können.

Arbeitgeberverbände
Unternehmerische Seite eines zweiseitigen Kartells auf dem Arbeitsmarkt, das für alle Mitglieder und manchmal darüber hinaus (staatliche Allgemeinverbindlicherklärung) tendenziell einheitliche Arbeitseinkommen und -bedingungen anstrebt und normale Lohnkonkurrenz als „Schmutzkonkurrenz" o. ä. verunglimpft. Die Arbeitgeberverbände waren historisch eine Antwort auf die Gewerkschaftskartelle. Arbeitgeberverbände und Gewerkschaften haben heute ein gemeinsames Interesse an der Aufrechterhaltung des Status quo („Korporatismus"): Aus Partnern werden eben leicht „Komplizen", wie sich besonders bei der Übertragung dieses Kartells auf Ostdeutschland mit seinen arbeitsplatzvernichtenden Folgen zeigte (zwecks Vermeidung von „Niedriglohnkonkurrenz" aus dem Osten!).

Arbeitsbeschaffungsmaßnahmen
Vergebliche Versuche von Regierung bzw. staatlichen Arbeitsbehörden, künstliche, nicht durch reale Nachfrage gestützte Arbeitsplätze aus Steuermitteln zu schaffen. Arbeitsbeschaffungsmaßnahmen, wie sie besonders in den letzten Jahrzehnten in Deutschland angewandt werden, sind eine Art *arbeitstherapeutisches Placebo* und vernichten mehr Arbeitsplätze als sie selbst darstellen. Dies geschieht einerseits durch die Finanzierung aus Steuermitteln zulasten der freien Wirtschaft: Was hier eingesetzt wird, muss anderswo abgezogen werden. Häufig treten die so subventionierten Arbeitskräfte überdies in Konkurrenz zu normal Beschäftigten im privaten Sektor und verursachen auf diese Weise dort zusätzliche Arbeitslosigkeit. Staatliche Arbeitsbeschaffung („aktive Arbeitsmarktpolitik") ist ein beliebtes politisches Mittel zur Verdeckung der realen Arbeitslosigkeitsziffern und verdient vollständig abgeschafft zu werden.

Arbeitserlaubnis
Häufig gebrauchtes Mittel der Nationalstaaten, Konkurrenz aus dem Ausland, zumindest einem Nicht-EU-Land abzuwehren, besonders soweit es sich um Niedrigpreiskonkurrenz handelt. Dies ist zwar mit den

Grundsätzen eines freien Welthandelssystem nicht zu vereinbaren, sondern eine Form des Protektionismus, kann aber bei großer Inhomogenität der betroffenen Räume und voraussehbaren Integrationsproblemen durch mögliche Masseneinwanderung (vor allem bei üppigen Sozialsystemen!) auch von liberaler Seite als zumindest vorübergehende Einschränkung der Personenfreizügigkeit und des Niederlassungsrechts toleriert werden. Ein Staat ist zudem ein relativ homogener Club mit einem gemeinsamen Eigentum an öffentlichen Gütern (z. B. Straßen, Plätzen, Parks), der seinen Mitgliedern, den Bürgern, das Recht sichern darf, zu bestimmen, wer dazu gehören darf und wer nicht, wie jeder Sportclub und überhaupt jeder Kulturverein dies auch tut.

Arbeitsförderung
Staatliche Maßnahmen, verstärkt seit 1969, mit denen ein hoher Beschäftigungsstand durch staatliches Eingreifen gesichert werden sollte, der durch andere staatliche Eingriffe (arbeitsrechtliche Einschränkungen der Flexibilität, von Preisen bis hin zu Rahmenbedingungen) gerade gefährdet war. Da Arbeitsförderungsmaßnahmen wie Weiterbildung, Umschulung oder Wiedereingliederung über Steuermittel finanziert werden, gehen im privaten Bereich entsprechend viele Arbeitsplätze verloren und werden nun durch „künstliche“ im „geförderten“ Bereich vorübergehend ersetzt. Die Arbeitsförderungsmaßnahmen sind ein beliebtes Mittel zur Manipulation der Arbeitslosenstatistik. Sie *fördern* indessen nur die Arbeitslosigkeit.
Literaturtipp: Unternehmerinstitut der ASU e.V.: Mehr Markt, mehr Arbeit, Berlin 2004.

Arbeitsgesetzbuch
Ein seit über drei Jahrzehnten immer wieder gescheiterter Versuch, das inkonsistente und kompliziert gewordene deutsche und europäische Arbeitsrecht und das mittlerweile überschießende Richterrecht in einem Werk zusammenzufassen und zu strukturieren (Arbeitsvertrags-, Betriebsverfassungs-, Mitbestimmungs-, Tarifvertrags-, Schlichtungs- und Arbeitskampfrecht). Dieses Vorhaben ist allerdings nur sinnvoll, wenn nicht länger das Arbeitsrecht als bloßes Arbeitnehmerschutzrecht aufgefasst, sondern aus dem Geist der Freiheit neu strukturiert und vereinfacht wird. So sollten in einem solchen Arbeitsgesetzbuch arbeitsrechtliche Beschäftigungshemmnisse beseitigt, eine Liberalisierung der Betriebsverfassung, die Flexibilisierung des Tarifvertragsrechts (z. B. durch Öff-

nungsklauseln), die Zivilisierung des Arbeitskampfes (z. B. durch obligatorische „Friedensabkommen“) geregelt werden. Anderenfalls wäre dies nur eine Kodifizierung des Unsinns.

Arbeitskampf
Anachronistisches Relikt des mittelalterlichen Fehderechts. Es geht dabei darum, durch verabredeten kollektiven Vertragsbruch, zugesagte Dienste und Leistungen vorzuenthalten und das Gegenüber durch Schädigung zur Aufgabe zu zwingen. Die entscheidende Frage ist dabei, wer dem anderen länger den Hals zudrücken kann, eine Form des anrüchigen *Sozialdarwinismus*! Besonders soweit hierbei physische Zwangsmittel (z. B. Streikposten) eingesetzt werden, ist dies mit den Grundsätzen eines Rechtsstaates nicht zu vereinbaren, der im Straf- und Zivilgesetzbuch Nötigung unter Strafe stellt. Der Arbeitskampf mit Streik und Aussperrung sollte durch verbindliche Schlichtungsregeln nach Art des *Schweizer Friedensabkommens* ersetzt werden. Besonders ärgerlich ist der Arbeitskampf im öffentlichen Dienst, wenn den Bürgern massiver Schaden dadurch zugefügt wird, dass etwa Arbeitnehmer von Verkehrsbetrieben ihr Einkommen beispielsweise um einen Prozentpunkt anheben wollen und im Interesse dieser Forderung nicht den Verhandlungsweg suchen, sondern den öffentlichen Verkehr auf allgemeine Kosten (und Nerven) lahmlegen. Diesen so genannten „Arbeitskampf“ zu zivilisieren, d. h. durch Verträge und Schlichtungsregelungen zu ersetzen, ist ein wichtiges Anliegen freiheitlicher Gesellschaftspolitik.

Arbeitslosengeld
Sozialeinkommen für jene, die durch zu hohe Lohnabschlüsse des Tarifkartells oder Veränderungen der Wettbewerbssituation ihren Arbeitsplatz verloren haben. Insoweit ist dies zum großen Teil eine Abwälzung der Kosten nicht gemeinwohlverträglicher Lohn- und Gehaltsvereinbarungen auf die Allgemeinheit. Wird das Arbeitslosengeld zu hoch angesetzt, führt dies häufig zu einer Demotivierung hinsichtlich einer Wiederaufnahme von Arbeit. Es wird interessanter, hohe Sozialeinkommen mit Freizeit und schattenwirtschaftlichen Verdiensten zu kombinieren, als sich nach einer weniger gut bezahlten neuen Arbeitsstelle umzusehen. Die konstant hohe Arbeitslosigkeit in Deutschland ist eine direkte Folge praktischer „Mindestlöhne“ durch die Zahlungen aus der Arbeitslosenversicherung. In einer freien Gesellschaft ist Arbeitslosigkeit nur ein vorübergehendes Schicksal und deren Folgen werden durch Eigenvorsorge, die Familie oder

auch Initiativen von Berufsverbänden (Gewerkschaften usw.) aufgefangen. Die Bundesagentur für Arbeit, die überwiegend nur Arbeitslosigkeit verwaltet, könnte ganz abgeschafft und durch andere Institutionen oder reine individuelle Vorsorge ersetzt werden.

Arbeitslosigkeit

Der größte Teil der heute in Deutschland Arbeitslosen (bei realistischer Rechnung etwa 7 Millionen) ist Opfer marktwidriger Tarif- oder Lohnabschlüsse und in der Höhe nicht mehr vertretbarer sozialer Versorgungsstandards. Die „natürliche“ Arbeitslosigkeit durch Fluktuation, Strukturänderungen usw. dürfte in Normalzeiten unter fünf Prozent liegen. Was darüber hinausgeht, ist politikgemacht. Die wichtigste Maßnahme zur Bekämpfung der Arbeitslosigkeit wäre die *Wiederherstellung der Vertragsfreiheit* auf dem Arbeitsmarkt. Unter den Reformländern der letzten Jahrzehnte hat besonders *Neuseeland* gezeigt, was mit einer Liberalisierung des Arbeitsrechts zu erreichen ist. Von anhaltender Massenarbeitslosigkeit kann dort seither nicht mehr die Rede sein und besonders auch „Problemgruppen“ (wie Jugendliche, Frauen, Maoris) haben wieder bessere Beschäftigungschancen. Auch die Schweiz mit ihrem relativ liberalen Arbeitsrecht zeigt, wie man Vollbeschäftigung auf Dauer sichert.

Arbeits„markt“

Deutschland hat den am intensivsten regulierten Arbeitsmarkt aller OECD-Länder. Insoweit gibt es den „Markt“ als Ort freien Ausgleichs zwischen Angebot und Nachfrage in diesem Lande nicht mehr. Die freien Knappheitspreise sind Preisdiktaten des Arbeitsmarktkartells bzw. des Staates gewichen. Dies ist die Hauptursache der anhaltenden Massenarbeitslosigkeit. Alle echten Sozialreformen müssten daran orientiert sein, die natürlichen Abstimmungsmechanismen am Markt, die auch durch Sozialtransfers vielfach verfälscht werden, wieder in Gang zu setzen. Nur so wird Vollbeschäftigung wieder möglich. Gegner einer Reform in diesem Sinn sind das Tarifkartell, besonders die Gewerkschaften, und das traditionelle „sozialdemokratische“ Denken der großen Parteien in Anspruchs- und Schutzrechten.

Literaturtipp: Ludwig von Mises: Nationalökonomie, Theorie des Handels und Wirtschaftens, München 1980 <1940>.

Arbeitsrecht

Nach 1918 geschaffenes Ausnahme- oder Sonderrecht anstelle des liberalen zivilen Vertragsrechtes. Nicht die Kodifizierung dieses „Rechts" in einem zusammenfassenden allgemeinen Arbeitsgesetzbuch, sondern die Wiedereingliederung dieses Ausnahmerechts in das normale zivile Vertragsrecht müsste das Ziel einer liberalen Reform sein, eine *Rezivilisierung* sozusagen. Das deutsche Arbeitsrecht ist die Hauptursache der Arbeitslosigkeit. Allein der Kommentar zum Kündigungsschutzgesetz wiegt über zwei Kilo. Damit könnte man einen Menschen erschlagen.

Arbeitsstättenverordnung

Musterbeispiel einer Überregulierung, auch in der novellierten Fassung von 2004. Sie liegt in der Tradition obrigkeitlicher Fürsorge, die bis weit in das 17. und 18. Jahrhundert – auf den absolutistischen Verwaltungsstaat – zurückreichen. Der Grundirrtum solcher „präventiver" Schutzmaßnahmen hinsichtlich Beleuchtung, Belüftung, Sicherheit, Hygiene, Erholung usw. ist die Annahme, dass in einer Wettbewerbswirtschaft die konkurrierenden Unternehmen kein natürliches Interesse daran haben, für den Arbeitnehmer sichere Arbeitsbedingungen zu schaffen, sondern dazu staatlicherseits gezwungen und dann ständig beaufsichtigt werden müssen. Anstelle des in seiner Perfektion ausufernden Präventionsgedankens ist vielmehr der Gedanke der *Haftung* zu setzen, wie dies in den USA und anderen mehr freiheitlichen Staaten Tradition ist. Eigeninteresse und Angst vor Schadenshaftung sind die besten Garanten für angenehme und sichere Arbeitsbedingungen, während im anderen Fall die Tendenz da sein wird, staatliche Auflagen minimal zu erfüllen und sich im Übrigen keine weiteren Gedanken zu machen.

Arbeitsvermittlung

Die Vermittlung von Arbeitsplätzen ist seit Anfang des 20. Jahrhunderts durch staatliche Monopoleinrichtungen sozialisiert. Auch nach der Teilliberalisierung der letzten Jahre blieb es bis heute bei der Dominanz der staatlichen Arbeitsvermittlung durch die Bundesagentur für Arbeit. Privatunternehmen spielen nur eine Nebenrolle. Die Arbeitsvermittlung ist einer der ineffizientesten Zweige der derzeitigen Staatsbetätigung. Nicht nur sind ihre Erfolge dürftig und nur allzu oft noch geschönt, die meisten Arbeitsvermittlungen gehen überdies an den Arbeitsämtern vorbei (weil man der Effizienz dieser Einrichtungen und zudem der Qualität oder Leistungswilligkeit der von dort vermittelten Arbeitnehmer nicht vertraut).

Die gesamte staatliche Arbeitsvermittlung kann durch Privatfirmen ersetzt werden, die motivierter und professioneller handeln als staatlich bezahlte Angestellte oder Beamte, die auch nicht über ein Wissen verfügen können, das erst der Wettbewerb zu Tage fördert. Zur Vermittlung von Problemfällen könnte die Allgemeinheit private Firmen subventionieren bzw. dem suchenden Arbeitnehmer Gutscheine überlassen.

Arbeitsvertrag

Das derzeitige Arbeitsvertragsrecht besteht vor allem in einer Einschränkung der Arbeitsvertragsfreiheit. Dieses geschieht nicht nur durch die Vorgaben von Staat und Tarifkartellen, um den Arbeitnehmer offenbar vor sich selbst zu schützen und ihm vorzuschreiben, was er für seine Interessen zu halten hat, sondern auch durch eine europaweite „Antidiskriminierungsgesetzgebung", die den Arbeitgebern aufzuzwingen sucht, wen er einzustellen hat.

Arbeitszeit

In Deutschland unnötigerweise staatlich regulierter Rahmen der erlaubten Erwerbsbetätigung als Arbeitnehmer. Mit dem „Arbeitnehmer" kann die Arbeitszeit nicht mehr individuell vertraglich vereinbart werden, sondern sie wird ihm in der Regel durch eine so genannte gesetzliche „Arbeitszeitordnung" oder Tarifrecht vorgeschrieben. Über die erlaubten Höchstzeiten hinaus gelten Arbeitsverbote, jedenfalls für abhängige Arbeit. Inzwischen gibt es selbst auf europäischer Ebene einheitliche Arbeitszeiten: von Schweden bis Griechenland und von England bis Polen. *Eine gesetzliche Arbeitszeitordnung ist überflüssig.* Jeder sollte arbeiten dürfen solange und soviel er mag. Man muss den „Arbeitnehmer" auf einem freien Arbeitsmarkt nicht vor sich selbst schützen. Außerhalb der staatlich regulierten Arbeitszeit ist freie Arbeit sowieso nicht kontrollierbar. In der „Parallelökonomie" oder „Schattenwirtschaft" herrscht ewige Vollbeschäftigung.

Aristoteles (384–322)

Ein für die Wurzeln des Liberalismus entscheidender Denker im alten Griechenland, ein Philosoph bürgerlicher Herkunft, was auch in seinen politischen Anschauungen zum Ausdruck kommt. Er ist der erste Vertreter eines auf den „Mittelstand" gestützten verfassungsmäßigen Staates und hat als erster die Grundsätze eines Rechtsstaates, einer Herrschaft, die durch allgemeine Gesetze gebändigt ist, formuliert. Ihm gilt eine un-

umschränkte Demokratie, die Freiheit und Eigentum manipuliert, als eine entartete Massenherrschaft. Dagegen vertritt er das Ideal der „Politeia“. Obwohl sein Denken an die Voraussetzung der antiken Polis gebunden ist, sind seine Bücher heute noch von größtem „Nährwert“, besonders auch seine Auseinandersetzung mit dem Sozialisten Platon.
Literaturtipp: Aristoteles: Politik; ders.: Nikomachische Ethik (diverse Ausgaben).

Armut
Manipulierter Hauptbegriff der Sozialpolitik. Arm ist heute danach jeder, der weniger als das Durchschnittseinkommen (o. ä.) bezieht, in der Einkommensskala also unten steht, unabhängig davon, wie viel er tatsächlich verdient – und sei es eine Million Euro! Das „Existenzminimum“ wird heute kulturell-dynamisch definiert. *Es liegt in Deutschland heute höher als das Durchschnittseinkommen Anfang der fünfziger Jahre.* Danach wird es natürlich immer „Arme“ geben, die Marktwirtschaft wird eine so definierte Armut nie beseitigen können. *Wer die Macht hat, den Begriff Armut zu definieren, kann damit beliebig viele Arme schaffen.* Professionelle Pfleger der Armut sind die Sozialbehörden, welche das Andauern von Missständen und speziell „Armut“ zur Geschäftsgrundlage haben. Heute ist „Armut“ häufig das Ergebnis sozial gemeinter staatlicher Eingriffe, z. B. durch ein Arbeitsrecht, das arbeitslos macht und arbeitslos hält oder die sozial Betreuten durch üppige Sozialversorgung davon abhält, sich selbst durch Weiterbildung am Arbeitsplatz wieder attraktiv zu machen oder mit Nachdruck auf eigene Faust einen neuen Arbeitsplatz zu suchen.
Der „Kapitalismus“ hat Armut als Massenerscheinung überwunden, der Wohlfahrtsstaat führt sie als Nebenwirkung ihrer „Bekämpfung“ wieder herauf.
Literaturtipp: George Gilder: Reichtum und Armut, Berlin 1981.

„Aufkommensneutralität“
Es ist die irrige Ansicht vieler Politiker, dass eine Steuerreform keinen Ausfall an Einnahmen für den Staat bringen dürfe, sondern „gegengerechnet“ werden müsse, also durch Belastungen an anderer Stelle. Dieser Gedanke erschwert echte Steuerreformen, deren Sinn in einem Hochsteuerland gerade in der Entlastung der Bürger besteht. Freilich ist eine bloße Steuervereinfachung in Deutschland auch schon ein Fortschritt. Eine echte Steuerreform im Sinne drastischer Senkung der Tarifsätze und einer Abflachung oder Beseitigung der Progression kann sogar das Mittel

sein, am Ende die Steuereinnahmen zu steigern, und dies dadurch, dass Arbeit und Leistung angeregt werden und zu einem Mehrprodukt führen (*Laffer-Kurve*!) – so wie dies in den USA und anderen Ländern beobachtet werden konnte.

„Ausbeutung“

Ein offenbar unentbehrlicher Lieblingsbegriff der Sozialdemagogie, kulminierend in dem Begriff „Selbstausbeutung“ für freiwillige, unbezahlte oder angeblich nicht adäquat bezahlte Mehrarbeit. Im Wettbewerbsmarkt entstandene Preise oder Verträge sind insoweit „gerecht“ und damit vom Charakter der Ausbeutung frei, wie sie den tatsächlichen Knappheitsverhältnissen, also dem Wert der Arbeit für andere, entsprechen. Der Begriff „Ausbeutung“ sollte Verhältnissen vorbehalten bleiben, in denen ein Monopolist, dessen Gütern oder Dienstleistungen man nicht ausweichen kann, willkürlich Höchstpreise oder schlechte Konditionen durchsetzt. Ferner auch, wenn ein Kunde über den wahren Wert eines Gutes oder einer Leistung bewusst hinters Licht geführt wird. Die größte Ausbeutungsgefahr liegt beim Monopolisten Staat, der seine Bürger bis zu einer imaginären „Erdrosselungsgrenze“ über Steuern, Quasi-Steuern (Sozialbeiträge, Gebühren und Abgaben) belasten darf. Anfällig für Ausbeutungsprofite sind besonders auch staatseigne Monopolbetriebe, namentlich im Bereich der so genannten „Daseinsvorsorge“, ohne private Gegenmacht und mit Benutzungs- oder Anschlusszwang (siehe auch den Artikel „Administrierte Preise“).

Ausbildungsplatz, politische Diskussion um den

Jedes Jahr wieder gibt es im rituellen Ablauf eine politische Diskussion wegen zögernd bereitgestellter Ausbildungsplätze für Schulabgänger. Statt an die Ursachen nicht ausreichender Ausbildungsplätze zu gehen, wird versucht, mit nationalen Solidaritätsappellen und über einen deutschlandweiten kartellartigen „Pakt“ die Unternehmen zu unwirtschaftlichen Handlungen zu veranlassen, zur Not auch durch angedrohte Bußen (Ausbildungsplatzabgaben). Tatsächliche Ursache fehlender Ausbildungsplätze sind neben der allgemeinen wirtschaftlichen Lage die künstlich hochgetriebenen Kosten und Regulierungen der beruflichen Ausbildung (z. B. erzwungene Stipendien: „Ausbildungsvergütungen“). Der Appell an Unternehmen, über den eigenen Bedarf hinaus auszubilden, führt nur zu häufig in eine anschließende Arbeitslosigkeit und zur unvermeidlichen Enttäuschung der so fragwürdig Ausgebildeten. Die Masse der Ausbildungsplätze wird von mittelständischen Unternehmen bereitgestellt (ca. 80 Prozent). Die Ausbildungsplatzbilanz bei Großkonzernen und staatlichen oder gewerkschaftlichen Einrichtungen ist häufig deprimierend.

Aussperrung
Verabredeter kollektiver Ausschluss von Arbeitnehmern als Gegenmaßnahme zu Gewerkschaftsstreiks auf dem überregulierten Arbeitsmarkt. Wie der Streik – als massenhafter Vertragsbruch mit häufiger Anwendung von einschüchternder Gewalt – gehört auch die Aussperrung als Gegenaktion der Arbeitgeber nicht in eine rechtstaatlich geordnete Zivilgesellschaft, sondern eher mittelalterlichen Fehdegrundsätzen an. Eine Änderung ist hier durch Liberalisierung der Arbeitsmarktstrukturen oder durch verbindliche Schlichtungsregeln nach Beispiel des Schweizer Friedensabkommens anzustreben.

B

Baader, Roland (geboren 1941)
Einer der wortgewaltigsten deutschsprachigen Kritiker des modernen Interventions- und Wohlfahrtsstaates mit stark libertärer Tendenz. In Aufsätzen und umfangreichen Büchern hat er plastisch alle wesentlichen Argumente für freien Tausch und gegen staatliche Manipulationen zusammengestellt.
Literaturtipp: Roland Baader: Fauler Zauber. Schein und Wirklichkeit des Sozialstaates, Gräfelfing 1997; ders.: Die belogene Generation, Gräfelfing 1999.

Bankgeheimnis
Das „Bankgeheimnis" ist in Deutschland nicht gesetzlich geregelt, sondern gründet sich auf die in einem besonderen Vertrauensaspekt stehenden vertraglichen Beziehungen des Kunden zur Bank und ist durch das in Artikel 2 Abs. 1 GG verankerte allgemeine Persönlichkeitsrecht (Schutz der Geheimsphäre) auch verfassungsrechtlich abgesichert. Es handelt sich hier um einen Kernbereich des Eigentumsschutzes gegen das egoistische Interesse des Fiskus an Maximierung seiner Einnahmen. Im Rahmen des Kreditwesengesetzes und des zynisch so genannten „Gesetzes zur Förderung der Steuerehrlichkeit" wird dieses Bankgeheimnis stark geschwächt, wenn nicht aufgehoben. Es ist jetzt möglich, dass neben den Steuerbehörden auch der gesamte Bereich der Leistungsverwaltung, vor allem Sozialämter und Arbeitsämter, nur an vage Voraussetzungen geknüpft und ohne Richterbilligung, private Kundendaten von Unterneh-

men und normalen Bürgern abrufen können. All dieses veranlasst ein Staat, der gerade im Finanzressort täuscht und trickst, Intransparenz produziert und verfassungswidrige Haushalte aufstellt. Die Folge dieser Steuerinquisition ist der Versuch, sich vor diesem moralisch unakzeptablen allzu weitgehenden Zugriff zu retten und das Geld in Länder zu transferieren, in denen das Eigentum mehr geachtet wird, z. B. in die Schweiz, ja vielleicht ganz dorthin zu übersiedeln (Abstimmung „mit den Konten“ oder – „mit den Füßen“).

Bastiat, Frédéric (1801–1850)
Wohl der wirksamste Publizist der freien Marktwirtschaft und des Freihandels gegen staatssozialistische Ideen jeder Art. In didaktisch meisterhafter Weise widerlegte er viele populäre ökonomische Trugschlüsse. Hauptwerk: Ökonomische Harmonien (1850).
Literaturtipp: Detmar Doering: Frédéric Bastiat, St. Augustin 1997; Henry Hazlit: Economics! (deutsch, Stuttgart 1983). Marianne und Claus Diem (Hrsg.): Der Staat – die große Fiktion. Ein Claude Frédéric Bastiat-Brevier, Thun 2001.

Beamte
Beim Staat beschäftigte Arbeitnehmergruppe mit besonderen Privilegien und Verpflichtungen („Dienst- und Treueverhältnis“). Das Problem dieser Beamtenschaft liegt besonders im absoluten Kündigungsschutz auf Lebenszeit und dem entsprechenden Anspruch auf Schutz und Fürsorge durch den Staat, namentlich im Alter. Die unzähligen Beamtenwitze zeigen die Kehrseite dieser Privilegien: fehlende Motivation, Verschwendungswirtschaft, Trägheit, Umständlichkeit, Pedanterie, Mangel an gesundem Menschenverstand, anmaßende Haltung gegenüber Bürgern, Willkür, fehlender Geist der Initiative. Wie der Freiherr vom Stein einmal schrieb: *„Wir werden von besoldeten, buchgelehrten, interessenlosen, ohne Eigentum seienden Büralisten regiert. Diese vier Worte enthalten den Geist unserer und ähnlicher geistlosen Regierungsmaschinen: besoldet, also Streben nach Erhalten und Vermehren der Besoldeten; buchgelehrt, also lebend in der Buchstabenwelt und nicht in der wirklichen; interessenlos, denn sie stehen mit keiner der den Staat ausmachenden Bürgerklassen in Verbindung, sie sind also eine Kaste für sich, die Schreiberkaste; eigentumslos, also alle Bewegungen des Eigentums treffen sie nicht, es regne oder scheine die Sonne, die Abgaben steigen und fallen, man zerstöre althergebrachte Rechte oder lasse sie bestehen … all das kümmert sie nicht – sie erheben ihr Gehalt aus*

der Staatskasse und schreiben, schreiben, schreiben im Stillen, mit wohlverschlossenen Türen versehenen Büreau, unbekannt, unbemerkt, ungerühmt und ziehen ihre Kinder wieder zu gleichbrauchbaren Schreibmaschinen an…" Der absolute Kündigungsschutz entsprang dem berechtigten Bedürfnis der Staatsbediensteten, sich gegen die willkürlichen Launen eines Monarchen zu sichern. Im modernen Rechtsstaat wirkt diese Einrichtung eher antiquiert. Sie schafft eine Zwei-Klassen-Gesellschaft: die Unkündbaren, unter allen Umständen Versorgten und Steuerfinanzierten – und der Rest der Bevölkerung mit den allgemeinen und besonderen beruflichen Lebensrisiken. Eine Reform des Beamtenrechts müsste mit der Abschaffung dieses Instituts etwa im Bereich des Bildungswesens und sonstiger Leistungsverwaltung beginnen.

Bedürftigkeitsprüfung
Von den Anhängern eines konsequenten Versorgungsstaates vielfach angegriffene Methode, unberechtigte Ansprüche auf Hilfe durch den Steuerzahler abzuwehren. Es ist jedoch in einer freien Gesellschaft moralisch unverzichtbar, die tatsächliche Hilfsbedürftigkeit eines „Antragstellers" auf öffentliche Unterstützung zu überprüfen, bevor ihm zugestanden werden kann, auf Kosten der Allgemeinheit zu leben. Es muss zugemutet werden, zunächst eigene Reserven aufzulösen und auch die Kräfte der Familie zu mobilisieren, bevor der Steuerzahler in Erscheinung tritt. Darin liegt nichts „Menschenunwürdiges". Wo die Grenzen genau liegen, ist nach politischem Ermessen und besonders nach öffentlicher Kassenlage zu entscheiden. Öffentliche Unterstützung bedeutet immer einen Griff in die Tasche des Nächsten und dieses Verhalten sollte möglichst erschwert werden, jedenfalls nicht respektabel sein.

Befähigungsnachweis
In Deutschland vielfach übliche Methode von organisierten Berufsgruppen, den Marktzutritt für Außenseiter zu erschweren und sich so Monopolrenditen zu sichern (besonders im Bereich der Freien Berufe und des Handwerks). Man muss vor staatlichen Behörden oder korporatistischen Einrichtungen wie den Kammern seine Qualifikation beweisen, bevor man sich dem Urteil der Kunden auf dem Markt stellen darf. Jedoch sollte in der Marktwirtschaft ausschließlich der Kunde über die Qualität einer Ware oder angebotenen Dienstleistung entscheiden, natürlich bei strengem Haftungsrecht. Ob ein Brötchen schmeckt, entscheidet der Konsument!

Behinderte
Eine gewiss schutzbedürftige Gruppe, der jedoch nicht dadurch geholfen ist, dass man ihr im Rahmen z. B. einer Antidiskriminierungsgesetzgebung Privilegien bei der Einstellung oder einen privilegierten Kündigungsschutz gewährt. Diese gutgemeinte gesetzliche Besserstellung hat häufig eine Abneigung des Unternehmens zur Folge, einen Behinderten einzustellen, weil man ihn dann nicht mehr bei Geschäftsschwankungen oder bei Leistungsunwilligkeit entlassen kann („sozialer Bumerangeffekt"). Sonstige Privilegien der Behinderten sollten sich weniger an dem Grad der Behinderung, sondern an der tatsächlichen Reduzierung der Erwerbsfähigkeit und des Einkommens orientieren. Es gibt eine Reihe von Behinderungen, die sich gar nicht auf die Fähigkeit des Einzelnen auswirken, für sich zu sorgen und ein unverkürztes Einkommen zu erzielen. In diesem Falle sollte es keine staatlichen Renten (z. B. gesetzliche Unfallrenten) geben. Vorkehrungen für diesen Fall zu treffen, ist dann Sache der Privatinitiative.

Beitragsbemessungsgrundlage, -grenze
Flexible Basis der Zwangsumverteilung bei der Finanzierung der Sozialversicherung. Eine Ausdehnung dieser Grundlage bedeutet: *zunehmende Sozialisierung der Einkommen* (z. B. ein Bezug auch auf vorübergehende Nebeneinnahmen bei der Berechnung des Beitrages oder der Einkünfte aus Mieten, Pachten, Zinsen usw.). Stückweiser Sozialismus zeigt sich auch in der ständigen Erhöhung der Beitragsbemessungs*grenze.* Mit der Erhöhung dieser „Grenze" wird – zusammen mit der Erhöhung der Versicherungszwangsgrenze – verhindert, dass die Bürger sich allmählich von der Abhängigkeit von der Sozialversicherung emanzipieren, wieder auf eigene Beine zu stehen kommen. Es handelt sich hier um die „Schrauben", mit denen in Deutschland und anderen wohlfahrtsstaatlich dahinsiechenden Ländern der Fiskalsozialismus oder die „Sozialsozialisierung" vorangetrieben wird.

Beitragssatz
Die Sozialversicherung finanziert sich über steuerähnliche Zwangsabgaben, die schönfärberisch „Beiträge" genannt werden. Die Beitragssätze sind in der Regel proportional (bis zur Beitragsbemessungsgrenze) bemessen, dies bedeutet, dass mit ihnen auch eine Umverteilung finanziert wird, die die Leistungsträger im Besonderen belastet. Sozialpolitik wird auch über eine Freistellung von Beiträgen (z. B. bei nichterwerbstätigen

Frauen oder Kindern in der gesetzlichen Krankenversicherung) betrieben. Im Zuge einer Modernisierung der sozialen Sicherung sind diese so genannten Beiträge auf kaufmännisch kalkulierte „Prämien" wie in der Privatversicherung umzustellen. Durch die Verbindung von Arbeitsvertrag mit sozialer Sicherung – ein grober Organisationsfehler – werden die Arbeitskosten mit dem Anstieg der Beiträge gleichfalls in die Höhe getrieben und verursachen so zusätzliche Arbeitslosigkeit. Die „Senkung der Lohnnebenkosten" ist ein Schlagwort, das in die Irre führt und nicht an den Kern des Problems: *der notwendigen Trennung von Arbeitsvertrag und sozialer Sicherung,* rührt.

„Beitragssatzstabilität"
Utopischer, ökonomisch irrationaler Versuch, z. B. im Bereich des Gesundheitswesens eine Art isolierten Preisstopp durchzusetzen – und dies in einer expandierenden Boombranche in einem dynamischen Umfeld. Diese Beitragssatzstabilität versucht man zu erzwingen, weil der Arbeitsvertrag mit der sozialen Sicherung verknüpft ist und eine Beitragserhöhung zur Erhöhung auch der Arbeitskosten führt, die weitere Arbeitslosigkeit bringen kann. In einem Umfeld dynamischer Preise muss natürlich auch der Beitrag zu einer Sozialversicherung sich allgemeinen Knappheitsverhältnissen anpassen können. Wenn nicht, führt dies zur Fehllenkung von Mitteln, Resignation und häufig Abwanderung der Eliten, namentlich gegenwärtig etwa der Ärzte, denen derzeit ein rationiertes, leistungsunabhängiges Einkommen nach den Regeln eines obskuren Punktesystems zugeteilt wird, welches überdies etliche von ihnen zur Aufgabe zwingt oder demotiviert.

Berufsberatung
Überflüssige Dienstleistung des Staates im Rahmen seiner Arbeitsverwaltung. Dies ursprünglich sogar mit einem utopischen Monopolanspruch. Die Berufsberatung kann man jedoch vollständig getrost den Familien, den Märkten und freien Initiativen der „Zivilgesellschaft" über Vereine oder auch an Nachwuchs interessierten Unternehmen sowie auch dem „Internet" überlassen.

Berufsgenossenschaften
„Berufsgenossenschaften" heißen bei uns irreführend die gesetzlichen Unfallversicherer, die seit der Bismarck-Zeit monopolistisch das Geschäft der Prävention, Heilung, Rehabilitation und Versorgung der im gewerbli-

chen Leben (und inzwischen auch weit darüber hinaus in Einrichtungen wie Kindergärten, Schulen usw.) Verunglückten betreiben. Strukturell kann auch dieses Monopol den üblichen Nachteilen fehlender Konkurrenz nicht entgehen: Der bestmögliche Leistungszuschnitt ist mangels Wettbewerb als Entdeckungsverfahren nicht bekannt. Die Beiträge können „kostendeckend", d. h. kostentreibend, kalkuliert werden, Unternehmen sind gezwungen, die Leistungen abzunehmen, auch wenn sie nicht den eigenen Bedürfnissen entsprechen und vollständig überzogen sind. Wie alle Monopole neigt auch die gesetzliche Unfallversicherung zur „arrogance of power" und zur Überschätzung des eigenen Leistungsangebotes, wie die anhaltende Unternehmerkritik belegt. Eine Verbesserung der Situation kann hier wie sonst bereits die Einführung von Wettbewerb sowie die Teilprivatisierung einiger Bereiche, etwa die Ausgliederung des Wegeunfalls, bringen.

Berufsordnungen
Staatliche Sicherung von Privilegien, vor allem für einige Freiberuflergruppen (vom Architekten bis zum Wirtschaftsprüfer) und Handwerker („Handwerksordnung"). Es geht im Kern um Konkurrenzminderung, d. h. Schaffung künstlicher Renten durch obligatorische Befähigungsnachweise mit langen Ausbildungszeiten, die Einkommensverzicht bedeuten, Werbeverbote, Regulierungen der Betriebsformen, obligatorische Versorgungswerke, Gebührenordnungen, Zunft- oder Kammerzwänge. Es handelt sich bei den „Berufsordnungen" um neoständische Relikte in mittelalterlicher Tradition, die zunehmend vom „Europäischen Binnenmarkt" her unter Druck geraten. Auf freiwilliger Basis – als Qualitätskartelle mit „Gütesiegel" – haben solche „Ordnungen" ihre Berechtigung. Gegenwärtig sind sie Schutzzäune für die, die „drinnen" sind und Hindernisse für die, die „hinein" wollen. Das Argument der „Qualitätssicherung" verkennt, dass in einer Marktwirtschaft mit allgemeiner Gewerbefreiheit in erster Linie der Kunde über die gewünschte Qualität entscheiden muss, nicht die zukünftigen Konkurrenten in den Kammern.

„Besserverdiener"
Populärer Begriff aus der Neidökonomie. Da fast jeder in Bezug auf jemand anderen „besser" oder „schlechter" gestellt ist, kann ein Demagoge jeweils einen kleinen oder größeren Kreis von Erfolgreichen oder Wohlhabenden mit dem Vorwurf des „Besserverdienens" unter Neidbeschuss nehmen. In dem Ausdruck „Besserverdiener" schwingt regelmäßig die

Erwartung mit, dass man diesen unverhältnismäßig stärker zur Kasse bitten darf. Das Neidressentiment hat dazu geführt, dass die zehn Prozent der „Bestverdiener“ 53 Prozent des Steueraufkommens tragen, die oberen 50 Prozent 92 Prozent und 20 Prozent der „schlechter Verdienenden“ keine Einkommensteuer mehr zahlen müssen, also Nutznießer von Staatsleistungen sind, ohne sich an deren Finanzierung beteiligen zu müssen, aber gleichwohl das volle politische Wahlrecht, sogar das passive, innehaben.

„Besteuerung nach Leistungsfähigkeit“
Dies ist der Grundgedanke der Progressivsteuer, einer Art Neid- oder Strafsteuer für den Erfolg. Je erfolgreicher, desto mehr ist abzugeben, desto höher ist die Grenzsteuerbelastung; umgekehrt: die Nicht-Erfolgreichen werden am Ende durch Sozialtransfers und Subventionen belohnt. Die Höhe des Grenzsteuersatzes richtet sich nach dem Grundsatz einer „sozialen Gerechtigkeit“, die darauf hinausläuft, dem mehrbesitzenden Nächsten so viel wie möglich wegzunehmen. Diese Art der Erfolgsbesteuerung wird gestützt durch eine pseudowissenschaftliche so genannte „Opfertheorie“, nach der das relative Opfergefühl für alle, die besteuert werden müssen, gleich sein soll. Jedoch kann Pauls Freude nicht mit Peters Leid verrechnet werden und was dem einen als Luxus gilt, ist dem anderen ein lebenswichtiges Gut (Unmöglichkeit eines „interpersonellen Nutzenvergleiches“). Auch die Proportionalsteuer (flattax) enthält den Gedanken der Besteuerung nach Leistungsfähigkeit, ist jedoch nicht so willkürlich wie die Progressivbesteuerung.

Betriebliche Altersversorgung
Zunehmendes Objekt der Begehrlichkeit der Sozialpolitiker wegen des Versagens des gesetzlichen Rentenversicherungssystems. Als freiwillige Initiative ist sie im Grundsatz positiv zu beurteilen, wird aber leider staatlich reguliert und damit unattraktiv gemacht. Im Vergleich zu den USA und der Schweiz spielt in Deutschland die betriebliche Altersrente nur eine kleine Rolle, da die gesetzliche Rentenversicherung bisher den Anspruch macht, „Lohnersatz“ im Alter zu sein, dem sie indessen immer weniger gerecht wird. Das so genannte Altersvermögensgesetz versucht über die Förderung der Betriebsrente (über „Entgeltumwandlung“) den drohenden „Blutverlust“ bei der Umlagerente auszugleichen. Die Betriebsrente wird immer stärker reguliert (Rechtsanspruch auf Übertragung, jederzeitiger Auskunftsanspruch, Beseitigung der Abfindungs-

möglichkeit) und steuert mehr und mehr auf ein gesetzliches Obligatorium zu, das eine weitere Belastung der Privatwirtschaft bedeuten würde.

Betriebsrat
Als staatliche Zwangseinrichtung Überbleibsel der sozialistischen Revolution von 1918, die versuchte, aus Deutschland eine „Räterepublik“ zu machen. Ein „Betriebsrat“ ist als freiwillige Initiative wie etwa ein Unternehmensbeirat vertretbar. Gegenwärtig jedoch bekommt ein Betrieb durch einen gesetzlich genau normierten „Betriebsrat“ eine Art Zwangskonstitution verpasst, die vielfach nicht den Bedürfnissen des Unternehmens entspricht, unternehmerisches Handeln behindert, zusätzliche Kosten verursacht und eine teilweise Enteignung des Unternehmenseigentums darstellt, besonders bei der so genannten „Mitbestimmung“ in Großunternehmen.

Betriebsverfassungsgesetz
Zwangsweise Vorschrift einer bestimmten Entscheidungs-, Beratungs- und Informationsstruktur in Unternehmen bestimmter Größe als folgenreicher Überrest der Rätebewegung von 1918. Auch wenn Betriebsräte in vielen Unternehmen nützliche Verhandlungspartner sind, bleibt der hässliche Makel des Zwanges und des Schemas, das jederzeit vorhandene Störpotenzial, das fragwürdige, gewissermaßen parasitäre *Entkoppeln von Eigentum und Entscheidung*. Die Zwangsregelungen dieses Gesetzes laufen auf eine Verschiebung der Verantwortlichkeiten bzw. eine Teilenteignung der Eigentümer- oder Unternehmerseite hinaus. Bei Großunternehmen spielen außengesteuerte Gewerkschaftsfunktionäre eine problematische Rolle. Der Makel dieses Gesetzes könnte durch eine „Öffnungsklausel“ abgeschwächt werden: Unternehmensleitung und Belegschaft (mehrheitlich) sollten das gesetzliche Zwangsschema nach Betriebsbedürfnissen abwandeln können. Eine vertretbare betriebliche Mitbestimmung im vollen Sinn gibt es nur auf freiwilliger Basis: über *Miteigentum* und unternehmerische Teilhaberschaft. Naturgemäß bekämpfen die Gewerkschaften diese Möglichkeit, Arbeitnehmer in Teilhaber umzuwandeln: dies macht sie für Gewerkschaftseinfluss weniger empfänglich.

Bildungswesen
In Deutschland ist das Bildungswesen seit Jahrhunderten überwiegend staatsmonopolistisch organisiert. Seit Ende der sechziger Jahre wurde es zunehmend zur Filiale staatlicher Sozialpolitik und Umverteilung. Sie ist überwiegend als Bildungsplanwirtschaft ohne Preise und ohne echten Wettbewerb organisiert, sozusagen nach Art „volkseigener" Betriebe (während doch die Planwirtschaft sonst überall abgewirtschaftet hat!). Das deutsche Bildungswesen zeigt die üblichen Mängel der Staatswirtschaft: falsche Anreize, schlechte Koordination mit der realen Nachfrage, Bürokratisierung, Demotivation und Anspruchsmentalität der Betroffenen und entsprechende Verschwendung von Ressourcen. „Nulltarife", namentlich an Universitäten, bedeuten eine Umverteilung von unten nach oben, großzügige Geschenke an Kreise, welche die Ausbildung ihrer Kinder sehr wohl selbst finanzieren könnten. Statt der asozialen Nulltarife wäre eine Bildungsfinanzierung über Preise oder Gebühren zweckmäßig, bei Direktunterstützung der begabten „Bedürftigen" und gleichzeitiger Organisation eines Bildungskreditsystems. Das deutsche Bildungswesen und die deutschen Universitäten haben besonders seit den so genannten Bildungsreformen stark an internationalem Renommee eingebüßt und offenbar sinken ihre Leistungen, wie zuletzt die PISA-Studien der OECD (oder auch die abnehmende Zahl deutscher Nobelpreisträger) zeigten. Die schlecht aufgestellten deutschen Universitäten bieten überdies den Weltrekord einzigartig langer Studienzeiten ihrer Studenten. Die deutschen Studenten gelten als die ältesten der Welt. In der Regel sind sie um die 30 Jahre alt, wenn sie die Universität verlassen. Dies hat auch demographisch ungünstige Folgen: es verkürzt die beste Zeit für die Familiengründung.
Literaturtipp: Die Schriften von Ulrich van Lith (im Internet: www.vanlith.de.)

Brutto / Netto
Das Verhältnis des Bruttoeinkommens (inkl. Arbeitgeberanteil an der Sozialversicherung, der selbstverständlich *Lohnbestandteil* ist) zum Netto bezeichnet den Verstaatlichungsgrad einer Gesellschaft. Je weniger privates Netto, desto mehr Staat und Sozialfiskus. An der *Sozialisierung der Einkommensverwendung* durch Zwangsabgaben ist der Fortschritt des Wohlfahrtsstaates abzulesen. Es ist dies die zeitgenössische Art des Sozialismus, ein „Sozial-Sozialismus". Nach einer Rechnung des Fernsehwirtschaftsjournalisten Günter Ederer kommt der deutsche Facharbeiter nach

Abzug von Sozialversicherungsabgaben, direkten und indirekten Steuern auf nur noch ein Drittel Netto. Sein amerikanisches und japanisches Gegenüber haben noch etwa zwei Drittel zur Eigenverfügung. So wurde der einstige „Stolz der Nation" bedürftig gemacht, ist jetzt auf vielerlei Subventionen angewiesen. Er kann weder Schul- oder Studiengebühren für seine Kinder aufbringen, noch aus eigenen Mitteln – ohne diverse Zulagen und Begünstigungen – ein Haus bauen. Schlussfolgerung: Gebt den Bürgern ihr Geld zurück, „Mehr Netto für alle!"
Literaturtipp: Unternehmerinstitut der ASU e.V.: Wohlfahrtsstaat in Konkurs, Berlin 2005.

Bundesagentur für Arbeit
Monströse Behörde der Bundesarbeitsverwaltung in Nürnberg, mit derzeit mehr Beschäftigten als es zu Ludwig Erhards Zeiten Arbeitslose gab (ca. 90.000). Ursprünglich aus einer Arbeitslosenversicherung (1927) hervorgegangen, profitierte sie von der Anmaßung der Politik, die Entwicklung auf dem Arbeitsmarkt zentral steuern, ja sogar Arbeitslosigkeit verhüten zu können. Zur Ursprungsfunktion inkl. Arbeitsvermittlung, traten Arbeitsbeschaffungsmaßnahmen, Umschulung, Weiter- und Fortbildung. Dieses Überbleibsel keynesianischen Denkens scheiterte, wie die anhaltend große Arbeitslosigkeit belegt, komplett und auch die neuerliche Umgestaltung (Hartz-Reform) bietet keine positiven Perspektiven: sie *verwaltet* nur die Arbeitslosigkeit etwas umständlicher. Im Übrigen: die Mittel, die diese „Agentur" in unproduktiven Maßnahmen und Arbeitsplätzen anlegt, mussten zuvor den Bürgern und Unternehmen abgenommen werden, die damit hätten *produktive* Arbeitsplätze schaffen können. Diese Behörde kann bis auf eine rudimentäre Arbeitslosenversicherung schrumpfen, deren Regie man den Gewerkschaften überlassen sollte.

„Bürgerversicherung"
Wohlklingendes Projekt sozialdemokratischer Neidökonomie zur Verstaatlichung der privaten Krankenversicherungsbranche. Es geht im Kern darum, der fehlorganisierten gesetzlichen Krankenversicherung eine vorübergehende „Blutzufuhr" durch Ausweitung der Zwangskundschaft zu verschaffen – ein einmaliger Effekt, der bald verpufft. Der Dualismus von gesetzlicher und privater Krankenversicherung mit seinen diversen Verzerrungen ist in der Tat nicht erfreulich: er sollte durch eine Privatisierung der *gesetzlichen* Krankenversicherung, nicht jedoch durch eine So-

zialisierung der Privaten abgelöst werden. Mehr Sozialsozialismus: Dies ist nicht das Programm, Deutschland aus den Schwierigkeiten eines ausgeuferten Wohlfahrtsstaates – von zuviel Sozialsozialismus – herauszuführen.

Bürokratisierung / Bürokratieabbau

Seit einigen Jahrzehnten ist „Bürokratieabbau“ eine Alibiübung der Politiker, während gleichzeitig die *Bürokratisierung* der Gesellschaft, d. h. die Regulierung von Gesellschaft und Markt durch Staatsbürokratie, dramatisch voranschreitet. So hatte das Bundesgesetzblatt 1950 825 Seiten, aktuell sind es ca. 4.000. Die Bürokratisierung geht inzwischen auf vier Ebenen gleichzeitig vor sich: von der kommunalen Satzung über die Länder- und Bundesgesetze bis hoch zur EU-Richtlinie. Manchmal kommt es zu einigen marginalen Erleichterungen wie z. B. bei der Arbeitsstättenverordnung (2004). Das Entbürokratisierungsergebnis 2003/2004 z. B.: 280 Gesetze und 903 Rechtsverordnungen wurden neu erlassen; dagegen traten nur 55 Gesetze und 233 Verordnungen außer Kraft. *Ein Plus an Bürokratie von 895.* Das Bürokratieproblem kann nur gelöst werden, wenn sich der Staat von vielen angeeigneten Aufgaben wieder löst, namentlich im Sozialbereich. Die übertriebene Gesetzesmacherei ist auch eine Folge eines auswuchernden Präventionsgedankens z. B. im Verbraucherschutz. Staatsreduzierung, Privatisierung und strengere persönliche Haftung – das sind die Gegenmittel gegen aufgeblähte Staatsbürokratien. In der Privatwirtschaft verhindern der Wettbewerb und die Möglichkeit des Konkurses das Schlimmste. Aber auch hier gibt es „Bürokratie“, namentlich in Großkonzernen.

C

„Chancengleichheit“

Freiheitsvernichtende Schimäre der Sozialpolitik: in einer freien Gesellschaft kann es nur *Rechtsgleichheit* geben. *„Zu verlangen, dass alle, die zu derselben Zeit in einem gegebenen Land leben, von demselben Stand beginnen sollen, ist mit einer sich entwickelnden Zivilisation ebenso wenig vereinbar, wie zu verlangen, dass diese Gleichheit Menschen zugesichert werden sollte, die zu verschiedenen Zeiten oder an verschiedenen Orten leben“* (Friedrich A. von Hayek). Dieses Ziel zu erreichen, müsste die Regierung die gesamte physische und soziale Umgebung aller Personen kontrollieren, welche die „Gleichheit“ tangieren. Dieses Ideal ernst zu nehmen und durchzuführen ist geeignet, einen Albtraum hervorzubringen: die totale Unterwerfung der Men-

schen unter das Kommando einer Elite, welche deren Privatangelegenheiten managt.
Literaturtipp: Friedrich August von Hayek: Der Weg zur Knechtschaft, Neuausgabe München 2003.

Christentum und Sozialismus
Zwei sich ausschließende Welthaltungen: Das Christentum lehrt die moralische Pflicht frei *zu geben*, der Sozialismus lehrt das Recht, dem anderen – zur Not mit Gewalt – *wegzunehmen*, sofern er mehr hat. Nächstenliebe und die Beraubung von wohlhabenden Minderheiten sind unvereinbar. Die Zehn Gebote enthalten überwiegend Imperative zur Sicherung von Eigentum und Leben des Nächsten („Du sollst nicht töten", „Du sollst nicht stehlen", „Du sollst nicht begehren", usw.). Der urchristliche „Kommunismus" bestand in einer freien Konsumgemeinschaft liebevollen Teilens und hatte nichts mit einer zwangsweisen „Verstaatlichung der Produktionsmittel" zu tun. *Der christliche Sozialist ist ein Missverständnis.* Christus hat sich für sein Ideal der Gewaltlosigkeit widerstandslos ans Kreuz nageln lassen. Die radikalen Sozialisten nageln dagegen ihre Gegner ans Kreuz. Christlicher Sozialismus ist einfach ein Irrtum, wenn er in der Verstaatlichung der Nächstenliebe besteht. Durch die Unterstützung der allumfassenden staatlichen Sozialpolitik berauben sich die Kirchen ihrer Substanz und ihres besonderen sozialen Auftrags.
Literaturtipp: Richard Reichel: Urchristlicher Sozialismus, Solidarität und staatliche Umverteilung, Working Paper Nr. 2 – Lehrstuhl für Wirtschafts- und Entwicklungspolitik an der Universität Erlangen-Nürnberg, Februar 2000.

D

„Daseinsvorsorge"
Deutscher Ausdruck eines paternalistischen Staatsverständnisses, angeblich von dem Staatsphilosophen Hegel stammend. Gegenwärtig wird damit die Zuständigkeit der Gemeinden für die Versorgung mit Wasser, Energie, Verkehr, Entsorgung etc. begründet – der „Gemeindesozialismus" (oder auch, nach vielen Scheinprivatisierungen: Gemeinde*kapitalismus*). Dabei wurde diese Infrastruktur im 19. Jahrhundert größtenteils von Privatunternehmern geschaffen und erst, als sich ihr Erfolg zeigte, kurzerhand verstaatlicht (meist um 1900). Mit dem Ausdruck „Daseinsvorsorge" lässt sich auch ein kommunistischer Staat begründen: gehören nicht auch die tägliche

Brotversorgung, die Kleidung, die Wohnung usw. zu dem, was man für sein „Dasein“ lebensnotwendig braucht? Die Privatisierungsbewegung sorgt gegenwärtig für eine Erschütterung des traditionellen Verständnisses dieses Begriffs. Im Übrigen: Staatliche Aufgabe? Ja, vielleicht. Staatliche Durchführung? Gewiss nicht!

„DDR light“

Etwas übertriebene Bezeichnung des deutschen Wohlfahrtsstaates angesichts einer Staats- bzw. Abgabenquote von über 50 Prozent, weit vorangetriebener Sozialisierung der Einkommen, stark eingeschränkten Vertragsfreiheiten in Elementarbereichen (Arbeit, Lebensvorsorge), Sozialisierung der Familie (staatliche Bezahlung der familiären Tätigkeit und flächendeckender Ausbau von Familienersatzeinrichtungen, teilweise ein Vermächtnis der untergegangenen DDR). Hinzu kommen Einschränkungen der Meinungsfreiheit über die Unkultur der so genannten „politischen Korrektheit“. Auch die verschleiernde politische Sprache gehört dazu („Solidarität“, „soziale Gerechtigkeit“, „Generationenvertrag“, „Pflicht“ (statt Zwang), moralisierend überschriebene Gesetze wie z. B. das „*Gesetz zur Förderung der Steuerehrlichkeit*“). Jedenfalls ist es wirklichkeitsfremd zu behaupten, dass wir gegenwärtig den „freiesten Staat der deutschen Geschichte“ hätten. In sozialer und wirtschaftlicher Hinsicht war das 19. Jahrhundert wesentlich freier.

„Deficit Spending“

Seit über zwei Jahrzehnten konstant geübte Ausgabepraxis des deutschen Fiskus mit der Folge einer Staatsverschuldung, wie es sie außerhalb von Kriegszeiten in der jüngeren Geschichte niemals gegeben hat (2006: 1,5 Billionen Euro). Trotzdem – und gerade deswegen – leidet Deutschland unter hohen Arbeitslosenzahlen und wirtschaftlicher Stagnation. Dieses „Mehr-Ausgeben-als-Einnehmen“ wurde in einer speziellen historischen Situation von John M. Keynes als Mittel vorgeschlagen, verhärtete Strukturen, speziell auf dem Arbeitsmarkt, zu überwinden. Inzwischen ist dies zu einem Dauerverfahren geworden bis zu dem Punkt, dass, bei ungebrochenem Fortgang dieser Praxis, ein Staatsbankrott droht. Es ist begreiflich, dass Politiker, auch über das Mittel von Schulden, gern den „Weihnachtsmann“ spielen, aber sich dann schwer tun, die ausgeteilten Geschenke wieder einzusammeln, wenn sie nicht mehr ohne weitere Schulden finanziert werden können.

Demographisches Problem

Die kritische demographische Entwicklung Deutschlands und anderer Wohlfahrtsstaaten Westeuropas hängt besonders mit den Strukturen der Sozialversicherung zusammen, die die Illusion verbreitet, man könne sich auch ohne Familie jederzeit auf den Staat stützen, namentlich, was die Versorgung im Alter betrifft. Gegenwärtig prämiert die gesetzliche Renten- und Pflege- sowie auch die Krankenversicherung sogar Kinderlosigkeit, d. h. beutet die Familie mit Kindern aus. Es wird auch dann eine unverkürzte Rente gegeben, wenn man (aus freier Entscheidung für den *Gegenwartskonsum*) nichts zur biologischen Weiterexistenz der Rentenversicherung beigetragen hat. Das Umlageverfahren funktioniert nur, solange noch ausreichend Nachwuchs da ist. Es ermutigt jedoch nicht dazu, ihn zu haben. *So zerstört der Wohlfahrtsstaat sich auch biologisch selbst*, er ist der scheiternde Versuch, die Familie durch Staatsvorsorge zu ersetzen: von der flächendeckenden „Kita" bis zur Kranken- und Altersversorgung. *Literaturtipp: Unternehmerinstitut der ASU e.V.: Weniger Staat, mehr Familie, Berlin 2006.*

Demokratie

Als Technik der Entscheidungsfindung durch Mehrheitsbeschlüsse ethisch eher neutral, so positiv die Bürgerbeteiligung (besonders im Falle der Direktdemokratie) auch ist. Auf diese Weise lassen sich versagende politische Eliten bequem und ohne Blutvergießen ablösen. Das Prinzip der Mehrheitsentscheidung kennt keine Abgrenzung dessen, worüber entschieden und was entschieden wird: dieses wichtige Element bringt erst der Liberalismus hinzu. Ohne diese Begrenzung kann eine Demokratie leicht in einer Gewaltherrschaft gegen Minderheiten übergehen, in eine „totalitäre" Demokratie, wovon die Wohlfahrtsdemokratie derzeit nicht weit entfernt ist.

Direktdemokratie

Referenden, Volksinitiativen, Volksentscheide sind wichtige Mittel gegen eine Verselbständigung der „politischen Klasse", auch auf europäischer Ebene, wie die heilsame Ablehnung des Europäischen Verfassungsvertragsentwurfs durch zwei wichtige Völker der Europäischen Union zeigt (Niederlande, Frankreich). Empirische Untersuchungen zeigen, dass bei direktdemokratischen Einrichtungen Staatsverschuldung und Staatsquote nicht in dem Maße steigen wie in den Ländern, in denen die Kontrolle von unten fehlt. Zudem ist Direktdemokratie eine Schule politischer Er-

ziehung der Bürger. Wichtigste Vorbilder für Direktdemokratie sind einige Einzelstaaten der USA (besonders Kalifornien) und natürlich das Urbild aller freiheitlichen Demokratie: die *Schweiz*. Der Schweizer Stimmbürger ist häufig sachlich besser informiert als ein durchschnittlicher Abgeordneter des Deutschen Bundestages. Parteipolitische „Demagogen" haben hier kaum eine Chance. Die Idee der Direktdemokratie wird in Deutschland besonders durch Hans-Herbert von Arnim und den Verein „Mehr Demokratie" vertreten.
Literaturtipp: Hans-Herbert von Arnim: Demokratie ohne Volk, München 1993. Adolf Gasser: Die Geschichte der Volksfreiheit und der Demokratie, 2. Aufl., Aarau, 1949.

Doering, Detmar (geboren 1957)
Einer der markantesten Publizisten des entschiedenen Liberalismus in Deutschland. Regelmäßiger Autor in der Frankfurter Allgemeinen Zeitung und der Neuen Zürcher Zeitung; Verfasser zahlreicher Broschüren. Auch als Redenschreiber für bekannte liberale Persönlichkeiten von Einfluß. Detmar Doering ist besonders dem angelsächsischen Liberalismus verpflichtet. Derzeit ist er Leiter des Liberalen Instituts der Friedrich-Naumann-Stiftung. Unter seinen Schriften sei erwähnt: *Detmar Doering: Liberalismus – ein Versuch über die Freiheit, St. Augustin 1993.*

„Dritte Welt"
Antiquierter Begriff aus der Zeit des „Kalten Krieges" und der Blockspaltung für die Gesamtheit der Nicht-Industrieländer der Welt. Aus dieser heterogenen Gruppe haben sich inzwischen viele Länder, besonders in Asien (Indien, China, die „asiatischen kleinen Tiger") vom Elend traditioneller „Entwicklungsländer" gelöst und sind zu Konkurrenten der alten Industrienationen geworden. Je mehr sie im globalen Netz verwoben sind, desto besser ergeht es ihnen (hinsichtlich Lebenserwartung, Bildungsstand, Einkommen pro Kopf). Nur die schlecht regierten, korrupten und isolierten Länder, etwa in Afrika südlich der Sahara oder in Nordkorea, verharren im Zustand des Elends. „Die Reichen werden reicher, die Armen aber auch." Marktwirtschaft ist eben kein Null-Summen-Spiel! Es lebe die Globalisierung!
Literaturtipp: Johan Norberg: Das kapitalistische Manifest, Frankfurt/M. 2003.

„Dynamische Rente“
Seit der fragwürdigen Rentenreform von 1957 ist die Höhe der Altersrente teilweise von den Einzahlungen abgekoppelt und mit der allgemeinen Entwicklung des Lebensstandards verbunden worden. Dies geschah gegen den Widerstand Ludwig Erhards und vieler ökonomisch geschulter Liberaler. Mit dieser Reform gewann Adenauer zwar die Bundestagswahlen mit bisher zum einzigen Male absoluter Mehrheit für die CDU/CSU: die gesetzliche Rentenversicherung verlor aber ihre Krisenfestigkeit im Falle ökonomischer Stagnation und demographischer Verwerfung. Die Dynamisierung schadet im Übrigen auch der Kapitalbildung und Eigenvorsorge. All dies ist damals bereits vorausgesagt worden.

E

Ederer, Günter (geb. 1941)
Brillanter Wirtschaftsfernsehjournalist, dem es gelungen ist, mit einer Reihe ordnungspolitisch ausgerichteter erfolgreicher Fernsehfilme (vielfach preisgekrönt), das kritische Bewusstsein der deutschen Bürger auf die echten Probleme des Landes zu lenken, so z. B. „Die Trottel der Nation“, „Raum ohne Volk“; außerdem erfolgreicher Sachbuchautor: „Das Erbe der Egoisten“ (2. Aufl. 1997) und „Die Sehnsucht nach einer verlogenen Welt“ (München 2002). Seine Karriere ging vom SWF über das ZDF, wo er jahrelang Wirtschaftskorrespondent in Tokio war, zur freien Wirtschaftspublizistik (1990).

„Egoismus“
Heute meist moralisch abwertend gemeinter Begriff für die Betonung des Eigeninteresses. Als elementares Bestreben jedes Individuums zur geistigen und materiellen Selbsterhaltung ist „Egoismus“ die Zentralkraft jeder lebendigen Gesellschaft. Schädlich ist „Egoismus“ nur, wenn er die allgemeinverbindlichen „Regeln der Gerechtigkeit“ verletzt (Gewalt- und Betrugsverbot). Ebenso, wenn er die Anstandspflichten gegenüber seinen „Nächsten“ vernachlässigt, etwa gegen seine Familie, Freunde und auch gegenüber dem, was die politische Gemeinschaft von ihm fordern darf.
Literaturtipp: Friedrich August von Hayek: Wahrer und falscher Individualismus, in: Individualismus und wirtschaftliche Ordnung, 2. Aufl., Salzburg 1976, S. 9 ff.

Eigeninitiative
Die natürliche Tendenz der Bürger, selbst vorzusorgen, die der Wohlfahrtsstaat aus Eigeninteresse seit Jahren erfolgreich bekämpft und zu-

rückgedrängt hat. So ist entsprechend einem so genannten Solidaritätsprinzip (Vorrang der nationalen Gemeinschaft!) die Aufblähung des Sozialbudgets auf jetzt ca. 700 Mrd. Euro entstanden (pro Kopf und Jahr: 8.416 Euro). Nach dem *Subsidiaritätsprinzip* hat die Eigeninitiative (des Einzelnen, der Familien, privater Verbände und Vereine) Vorrang vor der Staatsinitiative, die immer mit Zwang und Enteignung privater Verantwortung verbunden ist (und sei es auch nur, um sie zu finanzieren). Für die kommenden Sozialreformen ist „Eigeninitiative" ein entscheidendes Stichwort! Eigeninitiative, die die konkreten Umstände ihres Handelns kennt, kann verstreutes, nonzentrales Wissen bestmöglich verwerten und mobilisiert individuelle Energie und Aufmerksamkeit.

Eigentum

Das Eigentum an sich selbst und an dem, was man sich rechtmäßig – durch Arbeit oder Erbe – erworben hat, ist der grundlegende Wert einer freien Gesellschaft. Der zum Wohlfahrtsstaat mutierte Sozialstaat zielt im Kern auf eine Reduzierung des Eigentums und der Verfügung über sich selbst ab. Er ist die *institutionalisierte Eigentumsfeindlichkeit*, die sich z.B in den Zwangsverträgen (soziale Sicherung) und der Sozialisierung der Einkommensverwendung (immer weniger „Netto") widerspiegelt. Es gibt nur ein wahres Reformprogramm für den Wohlfahrtsstaat: die Wiederherstellung des Eigentums und der Selbständigkeit der Bürger, die Schaffung einer Eigentümergesellschaft, einer „Ownership-Society". Dies war das gesellschaftspolitische Konzept Ludwig Erhards. Die soziale Prothetik der Bismarckzeit sollte durch persönliches Eigentum ersetzt werden.

„Eigentümergesellschaft"

Das Antiprogramm zum Wohlfahrtsstaat: Statt die Bürger mit ihrem eigenen Geld von politischen Unterstützungsleistungen abhängig zu machen, dürfen sie es behalten und können so selbst vorsorgen. Dies geschieht konkret dadurch, dass man ihnen einerseits ihr zwangsweise konfisziertes Geld, namentlich die Sozialversicherungsbeiträge, zurückgibt (heute über 40 Prozent eines Durchschnittseinkommens), so dass sie damit Eigentum für die Lebensvorsorge bilden können, sie andererseits auch ermuntert, durch Aktienanteile oder Unternehmensbeteiligung als Arbeitnehmer selbst „Mitunternehmer" zu werden. Es gibt somit *zwei Arten von Sozialpolitik*: eine *freiheitliche* Variante, die die Bürger zur Selbständigkeit zurückführt und eine *kollektivistische*, die sie immer weiter von Sozialtransfers abhängig macht und damit ihren Freiheitssinn und Unternehmensgeist zerstört. Es ist klar, welche Art von Sozialpolitik allein mit dem Überleben von Demokratie und Rechtsstaat zu vereinbaren ist.

Eigenverantwortung
Mit Eigentum und Wettbewerb unmittelbar verbundener weiterer Zentralwert einer freien Gesellschaft. Die vergangenen Jahrzehnte brachten eine Erosion der Eigenverantwortung, die durch bürokratische Fremdverantwortung, d. h. Entmündigung der Bürger, ersetzt wurde. Die Schwächung der Eigenverantwortung führt nicht nur zu einem Sinken des moralischen Niveaus einer Gesellschaft, sondern auch zu einem Verlust an Dynamik und Optimismus. Erzwungene „Solidarität“ zerstört eigenverantwortliches Handeln und *demoralisiert* die Menschen. Nur freiwillige Solidarität ist von menschlich-moralischem Wert und entsprechend erfreulich. Die Zerstörung der Eigenverantwortung war einer der wesentlichsten Gründe für den Niedergang sozialistisch-strukturierter Gesellschaften, vom Inka-Reich bis zur Sowjetunion.

„Ellbogengesellschaft“
Polemische Bezeichnung für eine Wettbewerbsgesellschaft, in der jeder Einzelne sich nur durch produktive Leistungen für seine Mitmenschen vorwärts bringen kann. Der Ausdruck zeugt von vollkommener Verkennung der Tatsache, dass die Marktwirtschaft ein solidarisches Geflecht arbeitsteiliger wechselseitiger Dienste ist. Ellbogengesellschaften sollte man ausschließlich jene Gesellschaften nennen, in denen vor allem durch Protektion, Bestechung, Mobbing, Gewalt oder Einschüchterung voranzukommen ist, die sozialistischen oder halbsozialistischen Gesellschaften. Eine Leistungsgesellschaft wird umso mehr zur „Ellbogengesellschaft“, wie sich Verbände durch Druck auf die Politiker Sondervorteile sichern, die nicht leistungsbezogen sind. In vielem legt das zeitgenössische Deutschland davon ein betrübliches Zeugnis ab, z. B. was Gewerkschaften oder verschiedene Wirtschaftsverbände betrifft – und natürlich auch die Staatsbürokratie selbst, sofern sie sich über die politische Gewalt Privilegien für ihre „Bediensteten“ sichert. Derzeit bilden die Staatsbediensteten und Gewerkschaftsmitglieder die stärkste Fraktion im Deutschen Bundestag, auch daher die fehlenden Reformimpulse.

Entwicklungshilfe

Finanzhilfe an „unterentwickelte" Länder zu marktwidrigen Konditionen oder als Geschenk, in der Regel aus Steuermitteln finanziert. Diese Art Hilfe führt in der Regel zur Misswirtschaft, Verschwendung und Zerstörung der Eigeninitiative der so Beglückten, auch zur direkten ökonomischen Schädigung der Strukturen des Empfängerlandes. Oft wurde sie aus politischen Gründen, zu Bestechungszwecken, gewährt. Ein *Schuldenerlass* auf Kosten der nationalen Steuerzahler ist kaum dazu geeignet, die Lage zu verbessern, schwächt vielmehr den Kredit der Empfängerländer weiter. Abgesehen von akuter Nothilfe bei Naturkatastrophen ist Entwicklungshilfe vor allem durch freien Handel und im übrigen Hilfe zu Marktkonditionen erfolgreich, wie der Aufstieg etlicher, früher für „unentwickelt" gehaltener Länder im Zuge der Globalisierung zeigt (von China und Indien bis zu den phänomenalen „kleinen Tigern").

Literaturtipp: Lord Peter T. Bauer: The Development Frontier, London 1991.

Erhard, Ludwig (1897–1977)

Die fast vergessene Ikone der Sozialen Marktwirtschaft. Erhard wollte eine Gesellschaft von Eigentumsbürgern, nicht die „komfortable Stallfütterung" des Wohlfahrtsstaates, wie wir sie inzwischen haben. Sein Argument war: Nicht immer umfassendere Umverteilung des Sozialprodukts, sondern dessen *Mehrung („Multiplikation, nicht Division des Sozialprodukts").* Je mehr Wohlstand und Eigentum, desto weniger Sozialpolitik sei notwendig. Schließlich könne sie ganz absterben. Seine christlich-sozialistischen Gegner argumentierten dagegen: je wohlhabender wir werden, desto mehr soziale Sicherung können wir uns *leisten.* Die „soziale Sicherung" avancierte zum Selbstzweck, ein folgenreicher Irrweg.

Literaturtipp: Gerd Habermann (Hrsg.): Vision und Tat. Ein Ludwig Erhard-Brevier, 2. Aufl. 2005; Alfred C. Miercejewski: Ludwig Erhard. Der Wegbereiter der Sozialen Marktwirtschaft, Berlin 2005.

Erziehungsgeld, Erziehungsrenten, Elterngeld

Elemente einer dubiosen Familienpolitik, die nach und nach die Selbstverantwortung der Familie und deren ökonomisch-moralische Solidarität auflöst. Es dominiert die Auffassung, dass *„Kinder nichts kosten dürfen"*, dass es unzumutbar für die Eltern ist, für den Besitz von Kindern materielle Opfer zu bringen oder Einschränkungen der „beruflichen Selbstverwirklichung" in Kauf zu nehmen. Dahinter stecken egalitäre, neidgetriebene Leitbilder und Motive und ein ziemlich krasser Materialismus. Eltern mutieren so zu bezahlten Erziehungsfunktionären des Staates. Familien ist am besten geholfen, wenn man ihnen möglichst viel „Netto" lässt, so dass sie z. B. auch Schulgelder, Studiengebühren und die Mittel für Wohnungseigentum aus *Eigenem* erschwingen können.

Etatismus

Namentlich in Deutschland und Frankreich grassierende metaphysische Staatsgläubigkeit in dem Sinne, dass man den Staat als eine Art allwissende und neutrale Überperson ansieht, deren Anordnungen und Eingriffe das allgemeine Beste sichern. Indessen besteht der Staat in nichts als in einem Menschenapparat mit starken Eigeninteressen, die häufig nicht mit dem Gesamtwohl einhergehen. Der Staat ist nur als legitimer Zwangsapparat zur Sicherung der individuellen Freiheit vertretbar, allenfalls noch in der Bereitstellung einiger technischer Dienste, im Übrigen wegen seines legitimen Gewaltmonopols in Versuchung, über seine legitimen Grenzen hinauszugehen, eine ständige Gefahr für Freiheit und Eigentum der Bürger. Zudem eine Hauptquelle der Kriege. Im Unterschied zum „zivilen" Markt, der auf freien Verträgen beruht, zieht der Staat eine breite Blutspur hinter sich.
Literaturtipp: Ludwig von Mises: Im Namen des Staates, Stuttgart 1978.

„Ethik des Teilens"

Die Idee des solidarischen Teilens ist lebenswichtig für die Existenz einer Gesellschaft. Sie findet vor allem im privaten Kreis, in den privaten Gemeinschaften statt, von der Familie, über die Freundschaft, Nachbarschaft bis – allerdings nur im äußersten Notfall – zur nationalen Gemeinschaft. Nur in spontanen Gemeinschaften gibt es so etwas wie „soziale Wärme". In allen kleinen Gemeinschaften, die durch Neigung und Interesse zusammengehalten werden, teilen deren Mitglieder selbstverständlich gerne, man denke an den Familientisch, an dem „jedem nach seinen Bedürfnissen" (im Rahmen der gegebenen Mittel) ausgeteilt wird. Irreführend ist es, dieses sympathische Ideal als *„soziale Gerechtigkeit"* auf die gesamtgesellschaftliche Ebene und den Markt zu erstrecken. In der Marktwirtschaft geht es nicht um das „Teilen" des vorhandenen Brotes, sondern um dessen *Mehrung*. Ein unternehmerischer Sankt Martin teilt nicht den Mantel, sondern gründet eine Mantelfabrik und verschafft dem Bettler dort einen Arbeitsplatz, so dass er sich einen Mantel kaufen kann statt zu betteln. So lösen Unternehmer das Problem der Armut …

Literaturtipp: Unternehmerinstitut der ASU e.V.: Eigentum verpflichtet, Berlin, 2004.

Europäische Sozialcharta

Wichtiges politisches Zeugnis des Wohlfahrtsstaates auf europäischer Ebene, ursprünglich vom Europarat verantwortet, dann im gescheiterten Verfassungsvertragsentwurf für die Europäische Union vollständig übernommen. Sammelsurium von Anspruchsrechten gegen den Staat: Vom Streikrecht bis hin zum Recht auf Sozialversicherung, auf „Schutz vor sozialer Ausgrenzung", auf ein „Verbot von Diskriminierung aufgrund familiärer Verpflichtungen", auf externe Kinderbetreuung, ein (verklausuliertes) Recht auf Arbeit u. a. Die Europäische Sozialcharta wurde nicht von allen Ländern akzeptiert, da sie in der Tat ein anachronistisches Dokument der Anspruchsmentalität ist und die sozialste Einrichtung der Welt, die Marktwirtschaft, vielfach einschränkt und teilweise um ihre wohltätige Wirkung bringt.

„Europäisches Sozialmodell"

Von einigen Politikern der kontinental-europäischen Wohlfahrtsstaaten (z.B. Chirac, Ex-Kanzler Schröder) behauptete gesellschaftspolitische Vorbildlichkeit des dahinsiechenden europäischen wohlfahrtsstaatlichen Musters. Wird abgegrenzt vom „angelsächsischen Modell" mit seinen „amerikanischen Verhältnissen". Das „europäische Sozialmodell" ist indessen glücklicherweise nicht einmal in Europa einheitlich verwirklicht (vgl. z. B. die Sozialpolitik Großbritanniens von Thatcher bis Tony Blair oder die liberale Gesellschaftspolitik Irlands, Islands oder Estlands). Dieses „Modell" aus Umverteilung, Staatsfütterung und Egalitarismus ist Hauptgrund des ökonomischen Abstiegs etlicher Länder, namentlich Deutschlands und Frankreichs, der hohen Arbeitslosenzahlen und der maroden öffentlichen Haushalte.

Europäische Union

Derzeit in eine Identitätskrise geratenes Konglomerat europäischer Staaten, das in Gefahr steht, zu einem bürokratisierten Euro-Supernationalstaat mit imperialen Zügen zu werden. Soweit die Europäische Union über einen gemeinsamen Markt incl. Kapitalverkehrsfreiheit und gemeinsamer Außenhandelspolitik hinausgeht, also die Freiheitsspielräume erweitert, tendiert sie dazu, politische Macht über die Bürger nicht aufzuheben, sondern sie nur auf eine höhere Ebene zu *verlagern.* Dies ist kein

Fortschritt, sondern eher eine Gefahr für den Wettbewerb der Nationen und für die Eigenheit und Freiheit der europäischen Völker. Unter „Harmonisierung", verbindlichen „Mindestnormen" usw. verbirgt sich regelmäßig der Wunsch, den Wettbewerb auszuschalten und Europa zu nivellieren, z. B. durch einheitliche Steuer-, Sozial-, Bildungs- oder Umweltstandards. Besonders bedenklich ist die *Steuerharmonisierung*: ein unentrinnbares Kartell der europäischen Finanzminister. Indessen ist der Wettbewerb der europäischen Staaten und Völker eine Voraussetzung des Aufstiegs und der Dynamik Europas gewesen. Gerade die Vielfalt und Nonzentralisation der Macht ist das Europäische an Europa. Es war ein Glücksfall, dass Europa bisher nicht zu einem „Imperium" verschmolzen ist. Treibende Kraft bei der Planierung Europas ist die EU-Kommission mit ihrer einzigartigen Macht des Initiativmonopols, ja sogar des Tagesordnungsmonopols für den Ministerrat: Das Europa der Kommissare!
Literaturtipp: Roland Vaubel: Europa-Chauvinismus. Der Hochmut der Institutionen, München 2001. Eric L. Jones: Das Wunder Europa, Tübingen 1991

„Existenzminimum"
Vage Bezeichnung, die ohne Aussagekraft hinsichtlich der tatsächlich verfügbaren individuellen Mittel ist, sofern über ein physisches Existenzminimum – also das Minimum zum Überleben – hinausgegangen wird. Es ist niemandem möglich, auf Dauer unter diesem Existenzminimum zu leben, schon gar nicht den Millionen, die angeblich inzwischen selbst bei uns „unter dem Existenzminimum" vegetieren sollen. Maßgebend in der sozialpolitischen Diskussion ist dagegen ein *sozial-kulturelles* Existenzminimum, das weit vom physischen Existenzminimum entfernt ist und die garantierte Teilhabe am kulturellen Leben und üblichen technischen Komfort einer Gesellschaft einschließt. Das sozial-kulturelle Minimum enthält ein großes Missbrauchspotenzial: Es erlaubt jenen, die skrupellos genug sind, es auszunutzen, ein zeitlich kaum begrenztes, recht komfortables Parasitentum auf allgemeine Kosten, ja Sozialhilfekarrieren und -biografien, selbst über Generationen hinweg, sind bekannt.

F

Familie, Familienpolitik

Biologische und kulturelle Zentralinstitution einer gesunden Gesellschaft. Sie wird durch einen natürlichen „Generationenvertrag" gegründet. Die Familie ist die kleinste Einheit sozialer Sicherung, eine Selbsthilfegemeinschaft, die durch zunehmende Staatsfinanzierung ihrer Funktionen bzw. deren Verlagerung auf *Familienersatzeinrichtungen* von der Kindertagesstätte bis zur Sozialversicherung enorm geschwächt worden ist. Fast 50 Prozent der Familienfinanzierung sind bereits sozialisiert (z. B. durch Sozialisierung der Ausbildungskosten, Kindergelder usw.: Insgesamt: über 150 Milliarden Euro (Institut für Weltwirtschaft, Kiel: Siehe Statistik S. 50)).

Familienpolitik ist der vor allem „christlich-bürgerliche" Weg, unsere Gesellschaft zu sozialisieren. Der Wohlfahrtsstaat ist ein Versuch, die Familie durch staatliche Ersatzeinrichtungen (von der „Kita" über die Ganztagsschule bis zur gesetzlichen Renten- und schließlich Pflegeversicherung) zu ersetzen. Die Familie ist neben dem Privateigentum Haupthindernis sozialistischer Nivellierungspolitik. Ihre kulturell-moralische Abwertung hat den demografischen Schwund vieler europäischer Völker begünstigt. Die Wiederherstellung der *Familiensouveränität* sollte ein wichtiger Punkt moderner Gesellschaftspolitik sein. Indessen geht die Tendenz im Namen einer so genannten Familienpolitik immer noch in die falsche Richtung. Die beste Familienpolitik ist staatliche Enthaltsamkeit gegenüber der Familie.

Literaturtipp: Burguière, Klapisch-Zuber, Segalen, Zonabend (Hrsg.): Geschichte der Familie im 20. Jahrhundert, Essen 2005; Unternehmerinstitut der ASU e.V.: Weniger Staat, mehr Familie, Berlin 2006; Udo di Fabio: Die Kultur der Freiheit, München 2005.

Familienpolitische Leistungen im Vergleich
- Milliarden Euro -

	Deutsche Bundesbank	Institut für Weltwirtschaft
Steuerliche Maßnahmen	**37,3**	**60,7**
darunter:		
• Kindergeld	30,9	31,1
• Ehegattensplitting	-	23,0
• Kinderkomponente Eigenheimförderung	2,8	3,3
Sozialversicherungsleistungen	**16,0**	**10,9**
darunter:		
• Gesetzliche Krankenversicherung	11,5	8,4
• Rentenversicherung	-	1,8
• Arbeislosenversicherung	0,5	0,6
• Pflegeversicherung	-	-
Geldleistungen der Gebietskörperschaften	**26,9**	**30,9**
darunter:		
• Beiträge des Bundes an die Rentenversicherung für Kindererziehungsleistungen	11,5	11,8
• Familienzuschläge im Öffentlichen Dienst	4,0	7,3
• Bundeserziehungsgeldgesetz	3,7	3,5
• Familienkomponente in der Sozialhilfe	4,1	3,4
Sachleistungen der Gebietskörperschaften	**71,0**	**63,2**
darunter:		
• Schulen	45,3	47,0
• Einrichtungen der Jugendhilfe	8,0	7,4
• Kindergärten und -krippen	7,4	7,2
Staatliche Leistungen insgesamt	**151,2**	**165,7**

Stand: 2000; Quellen: Deutsche Bundesbank, 2002, 22; Rosenschon, 2001, 43f.
(2005: 240 Mrd. Euro, das sind 10,7 % des BIP)

Feminismus

Eine über die rechtliche Gleichstellung der Frau hinausgehende ideologische Bewegung, die zu einer Art Geschlechterkampf mit Einsatz von Zwangsmitteln zugunsten der als „benachteiligt" angesehenen Frauen geführt hat („Frauenbeauftragte" als Gleichstellungskommissarinnen, Frauenquoten, Antidiskriminierungspolitik etc.). Hinter dem „Feminismus" steckt eine Spielart des Egalitarismus, der männliche Maßstäbe und Werte verabsolutiert. Von einigen Vertreterinnen (Mary Daly z. B.) wird aber auch im Gegenteil die gesamte männliche Welt der „Sachlichkeit", Wissenschaft, Industrie und Technik verworfen und zum einfachen Leben in anarchischen Frauengemeinschaften aufgerufen. In spezifischen „Frauenutopien" wird eine Gesellschaft mit Frauenherrschaft geschildert (z. B. Ursula K. Le Guin, Sally Miller Gearhart). In der besonderen Spielart des „theologischen Feminismus" wird auch religiös und metaphysisch die Dominanz der männlichen Götter und Werte angegriffen und eine Welt konzipiert, in der das mütterliche Prinzip und die Muttergottheiten das Überlegene und Ursprüngliche sind.
Literaturtipp: Susanne Gaschke: Die Emanzipationsfalle, München 2005. Ursa Krattiger: Die perlmutterne Mönchin, Reinbek b. Hamburg 1987; Martin van Creveld: Das bevorzugte Geschlecht, München 2003.

Finanzausgleich

Finanzpolitische Nivellierungsmaßnahmen, um ein einheitliches Angebot an öffentlichen Gütern und „gleichwertige Lebensverhältnisse" in Deutschland zu schaffen. Der Finanzausgleich garantiert jedem Bundesland fast 100 Prozent der durchschnittlichen Finanzkraft aller Bundesländer: Ähnlich ist es mit den Umverteilungen auf kommunaler Ebene. Es werden erfolgreiche Bundesländer (z. B. Bayern oder Hamburg) durch Wegnahme von Steuerertrag bestraft, weniger erfolgreiche (z. B. das Saarland oder Berlin) durch Zuschanzung von entsprechenden „Sozialtransfers" belohnt. Der Wettbewerb um bestmögliche Steuersätze und bestmögliche Güterangebote kann so kaum stattfinden. Der Finanzausgleich ist Ausdruck eines Egalitarismus, wie er in unserer sozialistischen Marktwirtschaft immer mehr an Einfluss gewinnt. Abhilfe kann nur eine Wiederherstellung des *Wettbewerbsföderalismus*, des Wettbewerbskommunalismus mit eigenen Steuerhoheiten und Verantwortlichkeiten bringen. Auch sollte (wogegen sich das Bundesverfassungsgericht bisher leider sträubte) der Konkurs eines Bundeslandes mit anschließender Übernahme seiner Verwaltung durch einen Bundeskommissar möglich sein.

Wer seine kommunale oder ländermäßige Selbständigkeit nur mit massiver Subventionierung durch die Allgemeinheit aufrecht erhalten kann, hat den Anspruch auf sie verwirkt – sie ist in diesem Fall nur noch ein potemkinsches Dorf.
Literaturtipp: Unternehmerinstitut der ASU e.V.(Peer-Robin Paulus): Einmalsteuer und Abgabenwettbewerb, Berlin 2000.

„Fiskalsozialismus“
Nachfolgemodell des abgew irtschafteten Produktionssozialismus und der Planwirtschaft. Es werden hier den Unternehmern nicht die Produktionsmittel geraubt, sondern der Ertrag ihrer und ihrer Beschäftigten Arbeit sozialisiert. Der Fiskalsozialismus ist der natürliche Feind einer Leistungsgesellschaft, die er unterminiert und lähmt. Wenn die Grenzsteuerbelastung bei 70 Prozent, die Durchschnittsbelastung selbst für Arbeitnehmer zwischen 50 und 60 Prozent liegt, ist die Wurzel einer freien und dynamischen Gesellschaft beschädigt. Die Gesellschaft wird insgesamt an den „staatlichen Tropf“ gehängt, und um ihre produktive Kraft und ihr Selbstbewusstsein gebracht. Pessimismus und Wehleidigkeit, dazu Anspruchsmentalität breiten sich aus. Die Menschen stellen zunächst einmal Ansprüche an andere, bevor sie an ihre eigenen Möglichkeiten denken, die ihnen so beschnitten wurden. Fiskalsozialismus, eine von *Sozialkleptokraten* geleitete Veranstaltung, macht die Bürger mit ihrem eigenen Geld vom Staat abhängig.

Flat Tax
Eine Proportionalsteuer wie der biblische „Zehnte“. Zwar ist ein solches System auch nicht frei von zwangsweiser Umverteilung zu Ungunsten der „Besserverdienenden“, doch sie enthält nicht dasselbe Maß an willkürlicher Besteuerung der Erfolgreichen wie die Progressivsteuer, die in sich keinerlei Begrenzung kennt und „Besserverdienende“ schlechthin bis zur Erdrosselung schikanieren kann. Der Vorteil der „flat tax“ ist ein gleicher, vorhersehbarer Steuersatz für alle. Im Übrigen gilt auch hier: je niedriger, desto besser. Der „Zehnte“ ist vielleicht das Maß an Besteuerung, das einer gut aufgestellten Gesellschaft (bei privater Sozialvorsorge) am ehesten entspricht. Von niedrigeren Steuersätzen profitieren alle, auch die „Schlechterverdienenden“, deren Einkommensabstand zu den „Besserverdienenden“ dann größer sein mag als in einer sozialistischen Marktwirtschaft, die aber gleichwohl mehr verdienen und besser leben können, als sie es sonst könnten. Die extrem niedrigen Steuersätze vor dem Ersten

Weltkrieg ermöglichten eine enorme Kapitalbildung, die den ökonomischen Aufstieg der Arbeiterschicht ermöglichte. Je mehr Kapitalbildung, desto besser geht es den Arbeitnehmern. Vielleicht sollte man eher den Misserfolg als den wirtschaftlichen Erfolg besteuern: Je erfolgreicher, desto weniger Steuern: So wird es in Samuel Butlers Utopie „Erehwon“ vorgeschlagen und ist kürzlich in der Schweiz in einigen Kantonen, z. B. Obwalden und Schaffhausen, in einer Variante realisiert.

Föderalismus

Föderalismus ist eine wesentliche Säule einer freien Gesellschaft durch quantitative Aufteilung der politischen Macht auf möglichst voneinander unabhängige politische Einheiten, die im Wettbewerb miteinander stehen, bei nur minimalen Kompetenzen des Zentralstaates. Am stärksten ist der echte Föderalismus in Ländern wie den USA, Kanada, Belgien oder der Schweiz ausgeprägt. Deutschland ist nur ein „dezentralisierter Einheitsstaat“, der durch Finanzausgleich, fehlende Steuerhoheit der Länder sowie vielfache Harmonisierungen, namentlich im Bildungsbereich, verzerrt ist.

Literaturtipp: Heinz Laufer: Das föderative System der Bundesrepublik Deutschland, Bonn, 1991; Robert Nef: Nonzentralismus, St. Augustin 2002; Detmar Doering (Hrsg.): Kleines Lesebuch über den Föderalismus, St. Augustin 2005.

„Formierte Gesellschaft“

Versuch Ludwig Erhards als Kanzler, ein Gesellschaftsideal im Sinne konsequenter Ordnungspolitik zu formulieren. Durch ökonomische Erziehung sollte jeder Einzelne und jede Gruppe sich über die Erfolgsregeln des Wirtschaftens und die eigene Funktion und Rolle darin klar werden und sich deren Imperativen unterordnen. Mit Erhards Worten: „*Die Harmonie der Gesamtinteressen scheint nur dann als möglich, wenn die wirtschaftlichen und gesellschaftlichen Zusammenhänge und Beziehungen zwischen allen Gliedern einer Volksgemeinschaft klar erkannt sind.*“ Das Konzept blieb zu vage und Erhard war zu kurze Zeit Kanzler, um es realisieren zu können. Ein neuer Gesellschaftsreformer jedoch könnte daran wieder anknüpfen, denn das Problem der durch Partikularinteressen zerrissenen Gesellschaft stellt sich damals genauso wie heute.

Literaturtipp: Gerd Habermann (Hrsg.): Vision und Tat. Ein Ludwig-Erhard-Brevier, 2. Aufl., Bern 2005.

„Frankfurter Schule“
Spätmarxistische Schule der Soziologie mit den Hauptvertretern Theodor W. Adorno, Erich Fromm, Max Horkheimer, Herbert Marcuse, Jürgen Habermas. Aus dem ursprünglich 1923 in Frankfurt gegründeten Institut für Sozialforschung hervorgegangen lieferte diese Schule vielfach die Stichworte für die Studentenbewegung der sechziger J ahre, deren Tendenzen und Wertprägungen sich in einer Art antibürgerlicher „Kulturrevolution“ bis heute bemerkbar machen. Diese „Revolution“ lief letzten Endes auf Anspruchsmentalität, Gemeinschaftsauflösung und krassen Egoismus hinaus.
Literaturtipp: Günter Ederer: Das Erbe der Egoisten, 2. Aufl., München 1997; Horst Poller: Die Philosophen, München 2005, S. 441 ff.

Frauenpolitik
Für selbstbewusste Frauen demütigender Komplex paternalistischer Staatseingriffe, die Frauen *erstens* durchgängig und vollständig in die Erwerbsarbeit führen sollen (und damit auch die Einnahmen des Finanzministers steigern), *zweitens* eine faktische Egalisierung mit männlichen Karrieremustern und Berufsrepräsentation erzwingen wollen. Frauenpolitik gehört in den großen Komplex fragwürdiger „Antidiskriminierung“, zumal wenn sie mit Zwangsquoten, bevorzugter Behandlung bei Bewerbungen, politischer Überwachung durch Kommissare („Frauenbeauftragte“) arbeitet. Leider nur wenige Frauenpolitiker oder -politikerinnen sehen ein, dass es nicht der Würde einer Frau entspricht, solchermaßen Objekt politischer Begönnerung zu sein und es als Emanzipation zu feiern, wenn ihr männliche Berufs- und Karrieremuster als das Alleinseligmachende zugemutet werden.
Literaturtipp: Susanne Gaschke: Die Emanzipationsfalle, München 2005.

Freie Berufe
Die „Freien Berufe“ sind überwiegend dadurch gekennzeichnet, dass sie nicht mehr „frei“ und eigenverantwortlich, sondern bis in feine Details, manchmal zunftähnlich, staatlich reguliert sind – besonders die Ärzte: vom Marktzugang über Preisregulierung bis hin zur Werbung und Altersvorsorge. Eine „Standesordnung“ dieser Art ist aber das Ziel vieler auch bisher noch nicht regulierter freier Dienstleistungsberufe bis „hinunter“ zum Fußpfleger. Ihnen wieder zu mehr unternehmerischer Freiheit und Selbstverantwortlichkeit, auch ohne Kammer- und Vereinigungszwang zu verhelfen, könnte ein Ziel liberaler Standespolitik sein (namentlich für

Ärzte und Rechtsanwälte). Jede freie Initiative auch „ständischer“ Selbsthilfe ist willkommen.

Freie Wohlfahrtspflege

Ursprünglich im 19. Jahrhundert entstandene soziale Selbsthilfeinitiativen von den Kirchen bis zur Arbeiterbewegung. Inzwischen aus Gründen egalitärer Behandlung der Staatsbürger vom Staat gründlich in Beschlag genommen und namentlich hinsichtlich Leistungsstandards und Finanzierungsweise reguliert. Der Staat tritt als Nachfragemonopolist an die so genannten freien Träger der Wohlfahrtspflege heran. Diese sind inzwischen zu *bürokratischen Sozialkonzernen* erstarrt, die, durch ihre beispielsweise steuerliche Privilegierung vielfach Sozialinitiativen des freien Marktes behindern oder gar nicht erst entstehen lassen (von den Rettungsdiensten bis zu den Krankenhäusern). Sozialkonzerne wie das Rote Kreuz, die Arbeiterwohlfahrt (AWO), der Deutsche Caritas-Verband gehören zu den größten Unternehmen überhaupt. Hier sind etwa 3 Millionen Menschen haupt- oder nebenamtlich beschäftigt. Die überfällige Reform des Sozialstaates muss auch diesen Teil der sozial überregulierten Gesellschaft erfassen, echten Wettbewerb und Selbstverantwortung wieder ermöglichen.

Freihandel

Im Anschluss an die ökonomisch-freiheitliche Schule der Physiokratie Lehre und praktische politische Bewegung gegen die Störung internationalen freien Tausches durch Schutzzölle, die auf die Begünstigung von Interessengruppen hinauslaufen und den Konsumenten belasten. Höhepunkt dieser Bewegung war der 1860 abgeschlossene französisch-englische Handelsvertrag. Im weiteren Sinn versteht man unter Freihandel die Anhänger einer konsequent marktwirtschaftlichen Ordnung überhaupt. Repräsentant dieses Denkens im politischen Raum war im Deutschland des 19. Jahrhunderts John Prince-Smith. Die Abkehr vom Freihandel stürzte die Welt im 20. Jahrhundert in nationalistische Abenteuer und Weltkriege. Gegenwärtig ist die Freihandelsbewegung, gefördert von der WTO, global wieder im Vormarsch (siehe auch Artikel Globalisierung). *Literaturtipp: Detmar Doering (Hrsg.): Kleines Lesebuch über den Freihandel, St. Augustin 2003.*

Freiheit
Als individuelle Freiheit wichtigstes Element einer „offenen Gesellschaft“. Bei den Sozialpolitikern vor allem als so genannte „materiale“ Freiheit, d. h. gute Versorgung, „Freiheit von Not“ definiert. Wer „arm“ ist, gilt als „unfrei“. Nach dieser Logik ist der wohlversorgte Kettenhund im Bauernhof frei, der wilde Fuchs unfrei; der arme Almbauer ist unfrei, der wohlversorgte Sklave frei. „Frei“ sind demnach auch Kinder und Gefängnisinsassen, die jederzeit gut versorgt sind. Frei sein heißt aber vor allem: *frei vom willkürlichen Zwang durch andere Menschen* seinen frei gewählten Zielen im Rahmen seiner Mittel und des allgemeinen gleichen Rechts folgen können, was Armut nicht ausschließen muss.
Literaturtipp: Friedrich August von Hayek: Die Verfassung der Freiheit, Tübingen 2005.

Friedman, Milton (geb. 1912)
Eine Ikone des älteren Neoliberalismus der ersten Generation und – neben F. A. von Hayek – wichtiger Gegenspieler zu Lord Keynes.
Sein Buch „Kapitalismus und Freiheit“ (1962) brach einem kritischen Verständnis des Wohlfahrts- und Interventionsstaates der Nachkriegszeit Bahn. Sein besonderes Verdienst in „sozialer“ Hinsicht ist es, in unsentimentaler Weise klargemacht zu haben, dass der wichtigste Indikator der „Sozialbilanz“ des Unternehmens die *erzielte Rendite* ist. Das Unternehmen ist aus sich heraus sozial, indem es die ökonomischen Bedürfnisse der Menschen befriedigt. Ein Unternehmen ist nicht für die eigenen Beschäftigten oder bestimmte gesellschaftliche Gruppen da, sondern für seine *Kunden.* Je besser es den „Dienst am Kunden“ leistet, desto höher wird auch der Gewinn sein. *Gewinn machen ist darum die erste moralische Pflicht und Schuldigkeit eines Unternehmers.* Je höher der Gewinn – bei Wettbewerb – desto größer die soziale Leistung eines Unternehmens für die Konsumenten, für welche die Wirtschaft schließlich „veranstaltet“ wird. Friedman ist einer der wichtigsten Vertreter des Konzepts der Direktunterstützung der Bedürftigen, z. B. über eine Negativsteuer statt politisch manipulierter Preise, und einer angebotsorientierten, „monetaristischen“ Politik.
Literaturtipp: Milton Friedman: Chancen, die ich meine. Berlin, Frankfurt/M., Wien, 1980.

Frühverrentung
Verschleuderung von humanen Ressourcen durch subventionierten vorzeitigen „Ruhestand" – auch zur Manipulation der Arbeitslosenstatistik. Auch unter „moralischen Gesichtspunkten" – der Achtung älterer Arbeitnehmer und ihrer Leistung, selbst ihres eigenen Willens – eine fragwürdige Maßnahme. Die Frühverrentung, zum Beispiel durch „vorgezogene Altersrenten wegen Arbeitslosigkeit" (und ohne entsprechenden versicherungsmathematischen Abschlag) hat dahin geführt, dass Deutschland auf der einen Seite sich den Luxus von Millionen arbeitsfähiger älterer Menschen erlaubt, die von Sozialtransfers leben, andererseits wegen der damit verbundenen hohen Belastung der arbeitenden Bevölkerung mit Sozialabgaben, also zu hoher Arbeitskosten, unter andauernder Massenarbeitslosigkeit leidet. Auffällig ist, dass in Ländern mit längerer Erwerbstätigkeit und entsprechend geringerer Sozialbelastung der jüngeren Arbeitnehmer die Arbeitslosigkeit ungleich geringer ist als in Deutschland (zum Beispiel in der Schweiz, in den USA oder in Japan).

Fürsorgestaat
Synonym für Sozialstaat oder Wohlfahrtsstaat. Dieser Ausdruck macht klar, dass es sich bei Leistungen des Wohlfahrtstaates nicht um Zahlungen auf Basis gerechter Äquivalenz, sondern fragwürdiger „Solidarität" handelt. Jede Leistung ohne Gegenleistung entspricht insoweit dem Fürsorgeprinzip. Der Fürsorgestaat ist aufgrund seiner Finanzierungsweise (Steuern und Abgaben) immer ein Zwangsstaat. Der Ausdruck „Fürsorge" wird indessen inzwischen ebenso ängstlich vermieden wie der ältere der „Armenhilfe", um so psychologische Hemmnisse bei der Inanspruchnahme seiner Leistungen abzubauen. Dies geschieht im Übrigen auch dadurch, dass man einen „Rechtsanspruch" auf Fürsorge (zum Beispiel im Rahmen der Sozialhilfe) verankert, wenn auch (noch) mit Bedürftigkeitsprüfung. Eine normale Altersrente hat insoweit „Fürsorge"-Charakter, als sie nicht durch tatsächlich gezahlten Beiträge gedeckt ist, sondern nach dubiosen Rentenformeln errechnet wurde.

G

Gebühr
Häufig Euphemismus für zusätzliche Steuern, denen man nicht ausweichen kann, z. B. die Rundfunkgebühr, die auch derjenige entrichten muss, der das Programm des öffentlichen Rundfunks gar nicht nutzt. Es handelt sich hier jedoch (durch die

fragwürdige Rechtsprechung des Bundesverfassungsgerichts) um Bestandsgarantien zugunsten der (überholten) öffentlichen Rundfunk- und Fernsehszene Deutschlands.

Geld
Ursprünglich eine Errungenschaft der Märkte, wurde dieses Tausch-, Rechnungs- und Wertaufbewahrungsmittel vom Staat monopolistisch usurpiert und in der Regel zur verdeckten zusätzlichen Besteuerung der Untertanen durch Geldwertverschlechterung („Inflationssteuer") missbraucht. Besonders gefährlich wird es dann, wenn der Staat anstelle einer Goldwährung oder sonstigen Warenwährung eine manipulierbare Papierwährung mit Annahmezwang durchsetzt, deren Funktionsfähigkeit allein darauf beruht, dass ein allgemeines Vertrauen in die Entschlossenheit der Regierenden existiert, die Geldmenge knapp zu halten. Allein die Möglichkeit der Papiergeldschaffung hat die Staatsverschuldung in den gegenwärtigen Ausmaßen verursacht. Die Goldwährung, am besten im Wettbewerb und privat emittiert, fand ihr Ende, als die Staaten den Ersten Weltkrieg finanzieren mussten. Friedrich August von Hayeks Vorschläge einer „Entnationalisierung der Währungen" hat bisher leider wenig Fürsprecher gefunden. Der Wettbewerb manipulierter Staatswährungen bei Devisenfreiheit bietet heute einen gewissen Schutz gegen einen vollständigen, gleichzeitigen Ruin aller nationalen Geldwesen.
Literaturtipp: Friedrich August von Hayek: Entnationalisierung des Geldes, Tübingen 1977. Roland Baader: Geld, Gold und Gottspieler, Gräfelfing 2005

Gemeinlastverfahren
Ursprünglich Grundsatz der Umweltpolitik, wonach die Kosten von z. B. Umweltverschmutzung nicht von den Verursachern, sondern von der Allgemeinheit aufgebracht werden (etwa in der Entsorgungswirtschaft). Leicht übertragbar auf die Sozialpolitik: Die Folgen zu hoher Lohnabschlüsse durch das Tarifkartell oder durch die Übermacht der Gewerkschaften werden der Allgemeinheit, die die Arbeitslosigkeit zu finanzieren hat, aufgebürdet; ebenso die Folge von anderen willkürlichen Markthindernissen durch Wirtschaftsverbände, wenn z. B. eine so genannte Berufsordnung den Weg zur Selbständigkeit unnötig verteuert. Die Betroffenen müssen dann eventuell arbeitslos bleiben statt von selbständiger Arbeit zu leben und fallen so möglicherweise der Allgemeinheit zur Last.

Gemeinnütziger Wohnungsbau

Da ein Wohlfahrtsstaat faktisch ein „Recht auf Wohnung" proklamiert, andererseits glaubt, den Ausgleich zwischen Angebot und Nachfrage dem Markt nicht zutrauen zu können und gewisse Mindeststandards erzwingen zu müssen meint, ist der Wohnungsmarkt ein Lieblingsobjekt des staatlichen Eingriffs und entsprechend reguliert. Die irrationalen Folgen: Hemmung dieses Marktes (z. B. durch ein pseudosoziales Mietrecht) und Förderung des Wohnungsbaus (z. B. durch Subventionen) zu gleicher Zeit. Im Osten Deutschlands wurden durch Subventionen große Überkapazitäten geschaffen, die nun, gleichfalls subventioniert, „rückgebaut", vulgo: *abgerissen* werden müssen. Würde der Wohlfahrtsstaat seinen Bürgern mehr Geld in der Tasche lassen, brauchten die Bürger keine gönnerhafte Unterstützung über Transfers. Der soziale Effekt ist im Übrigen höchst fragwürdig: Häufig, ja regelmäßig, werden Nichtbedürftige, namentlich aus den Mittelschichten, gefördert. Allenfalls das staatliche „Wohngeld" hat sozialpolitisch Sinn, für sonstiges Regulieren auf dem Wohnungsmarkt, besonders für Mietrecht- und Preisregulierungen, gibt es keinen Grund. Aus diesem Teil ihrer so genannten „Daseinsvorsorge" kann sich die Politik getrost vollständig verabschieden.

Gemeinschaftsaufgaben

Die Definition einiger angeblicher „Gemeinschaftsaufgaben" von Bund und Ländern, bei sonstiger Trennung der Kompetenzen, hat zu einer Orgie der politischen Enteignung der Länderverantwortung und zur Schwächung des Föderalismus geführt. Hierzu zählen im Besonderen die Aufgaben: „Verbesserung der regionalen Wirtschaftsstruktur" und das „Hochschulwesen". Auch hinter der Definition der „Gemeinschaftsaufgaben" stehen egalitäre Vorstellungen. Die Lebensverhältnisse sollen nicht allzu ungleich sein. Über „Gemeinschaftsaufgaben" wurde das Unsinnigste gefördert – bis hin zu den defizitären Wellnesszentren des Ostens. Diese so genannten Gemeinschaftsaufgaben sind in Wirklichkeit Aufgaben der einzelnen Länder, die auch im Wettbewerb erledigt werden könnten. Länder, die sich z. B. keine Landesuniversität erlauben können, müssen eben darauf verzichten oder ihre Selbständigkeit als offenbar fiktiv erkennen. Oder sie müssen sich darum bemühen, eine Nische der Wettbewerbsfähigkeit zu entdecken, um ihre Leistungskraft zu steigern.

Gemeinwohl

Das „allgemeine Wohl" besteht in liberalen Gesellschaften nur in der Geltung und erfolgreichen dauerhaften Durchsetzung allgemeinverbindlicher Handlungsregeln, vor allem der *Regeln der Gerechtigkeit.* Daneben in der Selbstbehauptung der nationalen Staaten im Staatenwettbewerb. Die wichtigste Bedrohung des „Gemeinwohls" besteht neben der strafrechtlich sanktionierten Regelverletzung in den Ansprüchen von Gruppen, die sich durch Druck auf den Gesetzgeber Sondervorteile erhoffen. Auf diese Weise gerät das Gemeinwohl in das politische Geschacher, wird zum bloßen Kompromiss zwischen rivalisierenden Partikularansprüchen.
Literaturtipp: Friedrich August von Hayek: Recht, Gesetz und Freiheit, Tübingen 2004.

„Gender Mainstreaming"

Systematische Egalisierungspolitik zugunsten der „Chancengleichheit der Frauen", offiziell auf europäischer Ebene zuerst 1997 im Amsterdamer Vertrag verankert. Es ist dies eine Art „Politik mit der Brechstange", die sich in Instrumenten wie Frauenkommissarinnen, Frauenquote, Frauenbonus usw. ausspricht. Zentrales Mittel sind dabei die Antidiskriminierungsgesetze und -richtlinien (siehe auch Frauenpolitik/Feminismus). Praktisch läuft dies auf eine Privilegierung der Frauen hinaus, sie sind „gleicher" als die konkurrierenden Männer. Eine Gleichschaltungspolitik dieser Art, die politischen Zwang einsetzt, ist mit den Idealen einer freien Gesellschaft nicht vereinbar. Faktisch kommt es zu einer Art neuen „Ständegesellschaft", besonders wenn auch andere Gruppen wie etwa Behinderte, Ausländer, „sexuell Abweichende" dieses „Mainstreaming" erfahren.

Generationenvertrag

Fingierter „Vertrag" der Sozialpolitiker auf nationaler Ebene, den niemals jemand mit irgend jemandem abgeschlossen hat. Es gibt jedoch einen *natürlichen* familiären Generationenvertrag, eine Art stillschweigenden Abkommens zur gegenseitigen Unterstützung, namentlich in Notlagen. Der so genannte Generationenvertrag auf nationaler Ebene (Stichwort: Sozialversicherung) ist eine politische Zwangsmaßnahme, die den natürlichen Generationenvertrag der Familie schwächt. Kinder müssen dann nicht mehr für ihre Eltern, sondern für die Eltern anderer Kinder sorgen. Hauptinstrument des nationalen Generationenvertrages ist eine *Zwangsumlage.* Dieser Pseudovertrag ist faktisch „gekündigt": Zunächst dadurch, dass die ältere Generation sich weigerte, das Leben in eigenen Kindern weiterzugeben, und stattdessen lieber in den laufenden Konsum investierte, da sie sich vermeintlich darauf verlassen konnte, von anderer Leute Kinder versorgt zu werden. Auf der anderen Seite werden sich die erwerbstätigen Jüngeren schon bald nicht mehr dazu in der Lage sehen, das Versprechen dieses „nationalen Vertrages" durch treue Bedienung der Sozialversicherung zu halten. Wahrscheinlich wird es zu massiven Streichungen der Leistungszusagen kommen – denn die *Generationenbilanz*, die Summe der Ein- und Auszahlungen nach Generationen gestaffelt, zeigt eine wachsende Minusverzinsung zu Lasten der Jüngeren.

Gerechtigkeit

Das Prinzip der Gerechtigkeit enthält die Grundregeln des sozialen Zusammenlebens und den Kern des Gemeinwohls. Sie geht von dem Respekt vor der Person und dem Eigentum des Nächsten aus und verbietet, ihm willkürlichen Schaden zuzufügen: nicht an Leib und Leben, noch an Hab und Gut. Betrug, Raub, Diebstahl, körperliche Verletzung und Tötung dieses Nächsten sind nach dieser Regel ungerecht und werden von der Rechtsgemeinschaft geahndet, Auf den Regeln der Gerechtigkeit basieren Markt wie Zivilgesellschaft. Ergebnisse des freiwilligen Tauschs unter Regeln sind als Leistungsgerechtigkeit moralisch in Ordnung, unabhängig von der Höhe des dabei erzielten Gewinns. Gerechte Preise sind nur als Markt- oder Knappheitspreise „objektiv" zu definieren. Die Anforderungen und Postulate der Gerechtigkeit sind, wie Adam Smith sagt, so präzis wie die Regeln der Grammatik: *wem ich 100 Euro leihe, der schuldet mir genau diese 100 Euro.* Dagegen ist der Ausdruck „soziale" Gerechtigkeit unklar und öffnet jeder Willkür Bahn. Gibt es auch „unsoziale" Gerechtigkeit?

Literaturtipp: Friedrich August von Hayek: Recht, Gesetz und Freiheit, Tübingen 2005.

„Gerechtigkeitslücke"

Phantastische Behauptung, dass die „Besserverdienenden" durch Gesetze relativ und absolut mehr belastet werden müssen als der Rest der Bevölkerung – bis hin zur Grenze der „Erdrosselung". Gibt es Erleichterungen für diese Gruppe, kann eine „Gerechtigkeitslücke" entstehen. Jede Verschiebung zu ihren Gunsten, z. B. um Investitionen zu fördern, kann eine „Gerechtigkeitslücke" erscheinen lassen.

Gesellschaftspolitik
Illusionäre Ambition der Regierenden, über traditionsgewachsene soziale Strukturen, Einstellungen und Sitten einer Gesellschaft mit Staatskommando beliebig zu verfügen, direkt oder über künstliche Anreize. Der Komplex zwischenmenschlicher Beziehungen wird hier wie Rohmaterial behandelt, das man nach Belieben formen kann – im Extremfall bis zum „neuen Menschen". Zwar geht der Wohlfahrtsstaat hierin nicht so weit wie der radikale Sozialismus, aber mit seiner sozialen Sicherungs-, Umverteilungs-, Jugend-, Alten-, Familien-, Frauen-, Antidiskriminierungs-, auch Bildungs- Kultur- und Wirtschaftspolitik usw. wandelt er doch auf einem verwandten „*Weg zur Knechtschaft*". Die ursprüngliche Sozialpolitik des 19. Jahrhunderts wandte sich nur an die relativ armen und wenig gebildeten Arbeitermassen, der Gesellschaftspolitik von heute sind wir alle unterworfen, ein Prozess der *Proletarisierung*, der dem totalitären „État de providence" zustrebt und fundamental korrigiert werden muss.
Literaturtipp: Hans Achinger: Sozial- als Gesellschaftspolitik, 2. Aufl., Frankfurt/M., 1971.

„Gesetz der wachsenden Staatsausgaben"
Von einem der schlimmsten Staatsgläubigen, Adolph Wagner, gegen Ende des 19. Jahrhunderts aufgestelltes Pseudogesetz mit der Behauptung, dass der zunehmenden Komplexität einer modernen Gesellschaft eine Zunahme staatlicher Regulierungen und staatlicher Inanspruchnahme privater Mittel notwendig parallel gehe. Wahr ist jedoch das Gegenteil: je komplexer, also arbeitsteiliger eine Gesellschaft wird, desto weniger bedarf sie schematisierender Eingriffe des Staates, dessen Behörden naturgemäß nicht über das immer partikular verstreute Wissen verfügen können, um eine solche Gesellschaft zu steuern. Indessen hat dieses so genannte „Gesetz" als empirische Regel doch eine gewisse Richtigkeit : Im Gleichschritt mit der Demokratisierung und Nationalisierung haben sich die Staatsquoten im 20. Jahrhundert sehr stark erhöht, z. B. in Deutschland von 10 Prozent (1880) auf gegenwärtig über 50 Prozent – und so tendenziell auch in anderen Industrieländern, selbst in den USA und der Schweiz. Sie wurde und wird aber auch immer wieder erfolgreich zurückgefahren, jüngstens etwa in Neuseeland, selbst in Schweden ein wenig. Dieses „Gesetz" war also eher ein frommer Wunsch des Kathedersozialisten Wagner.

Gesundheitswesen, „Gesundheitsreform“
Begriffe aus dem *Sozialkauderwelsch*: es geht hier eigentlich um Krankenversorgung und die Reform der gesetzlichen Krankenversicherung. Die Gesetzliche Krankenversicherung ragt als stärkstes Relikt des Sozialismus und der Planwirtschaft in unsere moderne Gesellschaft hinein, zur Qual der noch halbfreien Anbieter in diesem Bereich wie der Ärzte, Apotheker und anderer Dienstleister. Die Patienten werden hier bis heute nach den Grundsätzen des Armenrechts behandelt: mit Sachleistungen ohne Rechnung, ja selbst ohne Kostenkenntnis. Eigentlich privateste Entscheidungsbereiche wie z. B. die Finanzierung des Zahnersatzes werden tagelang Gegenstand parlamentarischer Debatten. Durch die Verbindung des Arbeitsvertrages auch mit der gesetzlichen Krankenversicherung hängt die Arbeitskostenentwicklung mit den Ausgaben auf diesem Feld zusammen und man sieht sich dazu genötigt, mit Folterinstrumenten wie Preisstopps („Beitragssatzstabilität“, Budgetierung) eine an sich boomende Dienstleistungsbranche zu unterdrücken. Kuriositäten wie „solidarischer Wettbewerb“ mit Gewinnausgleich unter den Kassen vollenden das Bild eines „organisierten Chaos“, das nur durch eine gründliche Entpolitisierung und Privatisierung zu überwinden ist.
Literaturtipp: Peter Oberender und Jochen Fleischmann: Gesundheitspolitik in der Sozialen Marktwirtschaft, Stuttgart 2002.

Gewerkschaften
Im 19. Jahrhundert nützlich gewesene Selbsthilfebewegung der Arbeiterschaft mit umfassendem sozialem Engagement (auch mit einem eigenen sozialen Sicherungsnetz gegenseitiger Hilfe), im 20. Jahrhundert, besonders nach 1918, mehr und mehr zu einem machtvollen Kartell am Arbeitsmarkt erstarrt, das die Löhne höher hält als es den Marktverhältnissen entspricht und dadurch Haupturheber der Massenarbeitslosigkeit war und ist, vor 1933 wie auch heute. Im Übrigen sind sie zu einem wichtigen Bestandteil des deutschen Korporatismus geworden, mit Mitbestimmungsrechten in Großbetrieben wie in der Arbeits- und Sozialverwaltung oder beim öffentlichen Rundfunk, während der eigentliche soziale Auftrag mehr und mehr an den Staat überging. Die führende Funktionärsschicht verstrickt sich immer wieder in Korruptionsaffären und pflegt einen Lebensstil, der sich kaum mit dem der angeblich vertretenen Arbeiterschicht verträgt. Die Bedeutung der Gewerkschaften ist international auf dem Rückzug, in Deutschland sind sie stärksten Gegner sozialer Reformen und leider auch die stärkste Gruppe im Deutschen Bundes-

tag neben den „öffentlich Bediensteten". In Großbritannien wie in Neuseeland konnte die Macht der Gewerkschaften zum Wohl des Landes gezähmt werden, allerdings nicht ohne heftige politische Kämpfe.
Literaturtipp: IW-Dossier 24 (2003): Gewerkschaften in Deutschland.

Gewinn
Viel geschmähte und in der Höhe häufig überschätzte Erfolgsprämie für geglücktes unternehmerisches Handeln. Der Gewinn zeigt, dass und in welchem Maße der Unternehmer Produktionsfaktoren richtig eingesetzt hat. Unter marktwirtschaftlichen Bedingungen ist er in jeder Höhe moralisch gerechtfertigt. Je höher er ist, desto größer war der Dienst des Unternehmers an seinem „Nächsten", dem Konsumenten. Die Märkte stimmen täglich und mit jedem Euro und Cent über die unternehmerische Leistung ab. Ein Unternehmer, der nicht nach Gewinn strebt, wird sein Schiff bald untergehen sehen. Er bezahlt seinen Verstoß gegen das unternehmerische Ethos – biete deinem Nächsten Nutzen! – mit seiner Insolvenz. Ob er die Gewinne nun „maximiert" oder „optimiert" ist nicht entscheidend, Hauptsache, er macht überhaupt Gewinne. Jedenfalls hat er *das anvertraute Eigentum zu mehren*, nicht zu mindern. Der Versuch der Sozialisten, die Kategorie des Gewinns in der Betriebsrechnung zu streichen, führte zu Kapitalverzehr und Chaos. Das Bestreben, ihn möglichst weitgehend zu schmälern wie in Deutschland (kümmerliche Nettorendite im internationalen Vergleich), führt auf Dauer zur Kapitalauszehrung und schließlich Abwanderung des Kapitals und leitet damit den Niedergang der Volkswirtschaft und die allgemeine Verarmung ein.
Literaturtipp: Unternehmerinstitut der ASU e. V.: Der selbständige Unternehmer. Seine Bedeutung und sein Ethos, Bonn 1994.

„Gleichheit vor dem Gesetz"
Jene Gleichheit, die eine freie Gesellschaft allein gewähren kann und die die Voraussetzung der allgemeinen Freiheit ist. Die „materielle" oder faktische Gleichheit ist nur um den Preis der Beseitigung von Eigentum und Freiheit und der Kontrolle der persönlichen Lebensumstände durch den Staat realisierbar, also der totalen Herrschaft der politischen Klasse, die neue und größere Ungleichheiten mit sich bringen muss. Gleichheit vor dem Gesetz heißt: Es gibt keine rechtlichen Hindernisse (Monopole, Marktzutrittsschranken, Meinungsverbote, Einschränkung der Freizügigkeit usw.) für den persönlichen Aufstieg oder die „Selbstverwirklichung": Jeder ist seines Glückes Schmied, wenn er nur von seinen Kräften

den richtigen Gebrauch macht. Allerdings: „*Gott gibt die Nüsse, aber er beißt sie nicht auf.*" Sozialisten mit ihrem pessimistischen Menschenbild haben kein Zutrauen in die Kräfte des Einzelnen, darum wollen sie das Kollektiv, die „Horde" allmächtig machen, auch ihre „gemäßigten" Vettern im Wohlfahrtsstaat wollen das. Aber wie stark kann ein Kollektiv sein, das sich aus „Nullen" zusammensetzt?
Literaturtipp: Friedrich August von Hayek: Recht, Gesetz und Freiheit, Tübingen 2004.

„Gleichwertige Lebensverhältnisse"
Schimärisches Gleichheitsideal des deutschen Wohlfahrtsstaates, in fragwürdiger Interpretation des Artikels 72,2 GG. Dies ist realisierbar nur unter Beseitigung der regionalen Unterschiede, die der Wettbewerbsföderalismus und die kommunale Freiheit hinsichtlich der öffentlichen Infrastruktur mit sich bringen. Im Übrigen auch sonst illusionär, da die Bewertung der Lebensverhältnisse immer subjektiv ist: Der eine zieht das Meer, der andere das Wohnen im Gebirge vor, der eine den Komfort der Stadt, der andere die einfachen Freuden des Landlebens mit intakter Umwelt: Wie soll das verrechnet werden? Diese Schimäre hat zum ökonomischen „Supergau deutsche Einheit" geführt, indem man in den neuen Bundesländern möglichst schnell allgemein „blühende Landschaften" im Umverteilungsweg und per Gesetz herbeiführen wollte statt auf das organischere Wachstum der Märkte und die Eigeninitiative der Bewohner zu vertrauen – und die großen materiellen Differenzen erst einmal zu tolerieren.
Literaturtipp: Uwe Müller: Supergau Deutsche Einheit, Berlin 2005

Globalisierung
Segensreiche ökonomische und kulturelle Verknüpfung aller Völker der Welt über geographische und politische Grenzen hinweg mit der Folge allgemeiner Verbesserung der Lebensverhältnisse durch Arbeitsteilung und friedensfördende Interessengemeinschaft am allgemeinen Austausch. Besonders profitieren hiervon die so genannten Entwicklungsländer, wie dort an der Entwicklung der Lebenserwartung, des Einkommens pro Kopf oder der Alphabetisierung abzulesen ist, phänomenal im Aufstieg Indiens oder Chinas. Nur Völker, die sich unter gewalttätigen Regimes gegen Außenbeziehungen möglichst abschirmen wie in Afrika südlich der Sahara, verharren im Elend. Gegen die Globalisierung treten aggressiv sozialnationalistische Bewegungen wie Attac auf, die die möglichst

weitgehende Macht der nationalen Regierungen über die Bürger erhalten wollen und dem Internationalismus freier Märkte misstrauen.
Literaturtipp: Johan Norberg: Das kapitalistische Manifest, Frankfurt/M. 2003.

„Gutmenschen“
Im Unterschied zu guten Menschen, die Gutes tun aus eigenem Gewissen und vor allem aus eigenen Mitteln, bezeichnet der Begriff vor allem politische Personal, das Gutes mit fremden Mitteln, also auf Kosten beraubter Mitmenschen zu tun sucht und aus diesem dubiosen Treiben seinen Lebensunterhalt bestreitet, namentlich die *Sozialkleptokraten.* Urbild des Gutmenschen ist Robin Hood, jener muntere Bandit, der die Reichen ausraubte, um mit der Beute seine armen Freunde zu erfreuen. Namentlich unsere Sozialpolitiker sind von einer Art Robin-Hood-Komplex besessen, der sie zur Organisation immer neuer sozialer Wohltaten treibt, deren Kosten dann andere bestreiten müssen. Für die Armen sind diese Gutmenschen kein wirklicher Segen, da die Umverteilung auf Dauer alle ärmer macht, auch die, die davon kurzfristig profitieren mögen. „Gutmenschen“ sind auch typische Vertreter der „politischen Korrektheit“ mit ihrem Gleichheitsfanatismus und anmaßendem pädagogischen Anspruch.

H

Haftung
Wichtiger Grundsatz einer freien Gesellschaft: jedermann muss für die Folgen seines Tuns geradestehen, mit der Folge eines Gefühls der Verantwortlichkeit für seine Handlungen und entsprechend entwickelter Umsicht. Im Wohlfahrtsstaat vielfach abgeschwächt: nicht nur durch Mitbestimmungsregeln ohne Miteigentum in Unternehmen und umfassende Subventionierungen, sondern auch durch den Sozialversicherungszwang, der die individuelle Haftung für die Eigenvorsorge aufhebt oder durch die (Teil-)Sozialisierung der Familien- und Ausbildungskosten. Hier tritt die Generalhaftung des Staates an die Stelle der allein wirksamen Einzelhaftung Die Wiederherstellung persönlicher Haftung muss ein wichtiger Punkt bei der Zurückdrängung der Wohlfahrtsdemokratie sein.

„Harmonisierung“
Politisch ein Euphemismus für die Gleichschaltung von Unterschieden und zur Ersetzung des Wettbewerbs durch Kartelle oder ein Monopol. Wichtigstes Mittel der EU-Kommission bei der Planierung des Konti-

nentes, z. B. hinsichtlich steuer-, sozial-, umweltrechtlicher Normen, sogar was den Umwelt- oder Verbraucherschutz betrifft. Vielfalt weicht der Einheitlichkeit, damit geht Wissen verloren, der Wettbewerb als Entdeckungsverfahren wird unterdrückt und die Macht zentralisiert. Wahrscheinlich suboptimale allgemeinverbindliche Standards werden politisch perpetuiert – die Gesellschaft erstarrt. Durch „Harmonisierung" wird das „europäische Wunder" als Ergebnis von Nonzentralisation und Wettbewerb in der europäischen Staatenvielfalt umgekehrt.
Literaturtipp: Gerard Radnitzky: The European Miracle in Reverse, in: The European Journal, 9, 2002, S. 30 ff.

„Hartz-Reformen"
Fruchtloser Versuch der rot-grünen und jetzigen Bundesregierung, das Problem der Massenarbeitslosigkeit durch eine Verbesserung der staatlichen Arbeitsverwaltung und Kürzung von Sozialleistungen zu lösen, um so die eigentlich notwendige Liberalisierung des Arbeits-, namentlich des Tarifrechts zu vermeiden, die gegen den entschlossenen Widerstand des Arbeitsmarktkartells, namentlich der Gewerkschaften, politisch nicht gewagt wird. Etwaige Kürzungen der Lohnersatzeinkommen (als Arbeitslosengeld II) sind zwar anzuerkennen – auch die Verschärfung der Zumutbarkeitskriterien –, müssen aber ohne ausreichendes Angebot an freien Arbeitsplätzen nur verbitternd wirken und den Reformgedanken diskreditieren.

Hayek, Friedrich August von (1898–1992)
Bedeutendster Freiheitsphilosoph und -ökonom des 20. Jahrhunderts, Gegenspieler von Lord Keynes, entschiedenster Gegner von Sozialismus und Wohlfahrtsdemokratie. H. inspirierte die erfolgreichen Reformen Ronald Reagans, Margaret Thatchers, jüngstens des slowakischen Finanzministers Ivan Milosz. H. sieht die „Schacherdemokratien" auf dem „Weg zur Knechtschaft" und setzte dagegen die Konzeption einer „Verfassung der Freiheit" (Neuaufl. 2005). Besonders weitgehend, aber bisher wenig beachtet sind seine Vorschläge zur „Entthronung der Politik" (Demokratiereform) und zur Entnationalisierung der Währungen. Das Geldmonopol ist das gefährlichste und am häufigsten missbrauchte Staatsmonopol überhaupt.
Literaturtipp: Hans-Jörg Hennecke: Friedrich August von Hayek. Die Tradition der Freiheit, Düsseldorf 2000; Gerd Habermann (Hrsg.): Philosophie der Freiheit, 4. Aufl., Bern 2005.

„Heuschrecken"

Populär gewordenes Bild des früheren SPD-Vorsitzenden und gegenwärtigen (2006) Vizekanzlers und Arbeitsministers Müntefering zur Bezeichnung internationaler Finanzinvestoren. Dieses Bild des Abgrasens und dann Weiterziehens parasitärer Insekten verrät die Unwissenheit und Ratlosigkeit der SPD-Führung auf der Suche nach Ursachen für die wirtschaftlichen Probleme Deutschlands, die im Wesentlichen politikgemacht und durch die rot-grüne Bundesregierung in fast sieben für echte Reformen verplemperten Jahren noch verschärft worden sind. In Wirklichkeit sind diese Finanzunternehmer in Zeiten der Unterkapitalisierung vieler Unternehmen und des restriktiven Verhaltens der Geschäftsbanken der freien Wirtschaft willkommene Helfer in Notlagen. Das auffällige Wirken verschiedener internationaler Finanzinvestoren und Kapitalfonds, denen Deutschland offenbar nichts Gleichwertiges entgegenzusetzen hat, liegt in dem durch das „Umlageverfahren" der Sozialversicherung bedingten Mangel an freiem Kapital. Amerikanische und britische Finanzinvestoren kommen aus einem Land mit einer weitgehend kapitalgedeckten sozialen Vorsorge, die Anlagemöglichkeiten sucht.

„Hilfe zur Selbsthilfe"

Gesunder Grundsatz subsidiärer Sozialpolitik. Im Wohlfahrtsland Deutschland jedoch von der Politik missbraucht zu einem beliebigen „Fördersozialismus", der mit hunderten, ja tausenden von gut gemeinten unkoordinierten Unterstützungen auf allen politischen Ebenen von der Existenzgründung über die Eigenheimzulage, Kindergeld bis zur Regionalförderung und „Industriepolitik" Steuergelder verschwendet und individuelle Energien fehlleitet. Schließlich werden Projekte nur deswegen unternommen, weil es dafür Fördermittel gibt, mit der Konsequenz fehlerhafter Rentabilitätsberechnungen und dann irgendwann notwendiger Insolvenzen, z. B. bei so genannten Wellness-Einrichtungen oder kommunalen Technologiezentren. Das Geld dafür muss aus anderen Bereichen abgezogen werden, denn der Staat ist bekanntlich keine Kuh, die, im Himmel gefüttert, auf der Erde aber nur gemolken zu werden braucht.

Homo Oeconomicus

Abstrakte, idealtypisch konstruierte Kunstfigur der ökonomischen Theorie. Im engeren Sinn: ein Mensch, der – bei vollständiger Information – immer im Sinne seiner materiellen Interessen oder Nutzenmaximierung handelt. Parallelfigur zum Homo Politicus, Homo Sociologicus, Homo

Eroticus, Homo Religiosus. Kein erkenntniskritisch geschulter Wissenschaftler verwechselt dieses Kunstgebilde abstrahierenden Denkens mit der Realität des praktisch handelnden Menschen, in dem viele Motive parallelgehen oder sich kreuzen – freilich in jedem Fall das Wichtigere dem weniger Wichtigen entsprechend den jeweiligen Präferenzen vorgezogen wird (manchmal selbst, wenn dies die eigene Existenz kostet). Unwissende werfen der ökonomischen Theorie die „Einseitigkeit" ihres idealtypischen Abstrahierens vor und übersehen den Erkenntniswert solcher Fiktionen zum Vergleich mit der Realität.
Literaturtipp: Ludwig von Mises: Nationalökonomie, München 1980 (1940).

Horn, Karen Ilse (geb. 1966)
Eine führende freiheitliche Wirtschaftsjournalistin, seit 1995 bei der Frankfurter Allgemeinen Zeitung; Ludwig-Erhard-Preisträgerin (1997). Abgesehen von ihren journalistischen Arbeiten übersetzte sie Wilhelm von Humboldts berühmten Essay: „Ideen zu einem Versuch, die Grenzen der Wirksamkeit des Staates zu bestimmen", neu ins Französische, ein „Muss" für jeden freiheitlichen Denker, und übertrug Philippe Nemos (Paris) verdienstliches Büchlein: Qu'est-ce que l'Occident? ins Deutsche („Was ist der Westen?", Tübingen 2006).

I

Ideologie
Häufig abwertend gemeinter Komplex von in sich möglichst konsistenten Ideen oder Theorien zur Erklärung und „Verbesserung" der sozialen Wirklichkeit. Auf einen solchen Schatz von Ideen und zutreffenden Erklärungsmustern ist jedoch jedermann zu seiner persönlichen Orientierung angewiesen. Doch sollte man unterscheiden zwischen Ideen, die prinzipiell realisierbar sind, da sie der Natur des Menschen oder ökonomischen und politischen Erfolgsregeln entsprechen, z. B. die Idee von Marktwirtschaft und Liberalismus, und solchen, die unrealisierbar sind, da sie einen „neuen Menschen" voraussetzen oder ihn gar erzeugen wollen. Der Sozialismus gehört zur Ideologie vom Typ zwei. Es ist heute nicht nur sinnlos, sondern auch unmoralisch, sozialistischen Ideen auch nur als fernem Ideal zu folgen, denn seine selbst nur allmähliche „Realisierung" ist mit Gesellschaftszerstörung und Niedergang erkauft, wie die Erfahrungen des 20. Jahrhunderts um den Preis von Millionen von Menschenleben gezeigt haben.

Imperium
Glanzvolle, aber häufig labile Gebilde, die auf eine zentralisierende Bürokratie angewiesen, oft zum Grab von Kultur und Bürgerfreiheit wurden. Bürger im vollen Sinn des Wortes zu sein, ist angesichts der Dimensionen solcher Imperien unmöglich. Die Verwertung des immer lokalen oder regionalen Wissens und die individuelle Energieentwicklung wird umso schwächer, je mehr sich die zentralisierenden und nivellierenden Tendenzen durchsetzen. An einem Übermaß bürokratischer Zentralisierung (und entsprechendem Fiskalterror) ging das ganze Weströmische Reich zugrunde, auch das Sowjetimperium implodierte nach jahrzehntelangem Niedergang und auch die EU-Kommission wird wohl mit ihrem Bestreben scheitern, sich die europäischen Nationen durch „Harmonisierung" und Nivellierung gefügig zu machen.
Literaturtipp: Leopold Kohr: Das Ende der Großen. Zurück zum menschlichen Maß (1986).

Individualismus
Soziale Lehre, die den Einzelnen in den Mittelpunkt der Betrachtungen stellt, nicht Kollektive wie Staat, Nation, Gesellschaft, Klasse usw. Auch Kollektive lassen sich überdies nur aus Handlungen der Einzelnen erklären („Methodologischer Individualismus"). Es gibt „die Gesellschaft" oder „den Staat" als handelnde Einzelwesen nicht! Man kann sich mit ihnen z. B. nicht zum Frühstück treffen! Normativ sind diese Kollektive für den Einzelnen da, nicht umgekehrt. Dies bedeutet nicht anzunehmen, dass der Mensch außerhalb seiner sozialen Gruppenbezüge denkbar wäre oder ohne seine Mitmenschen auskommen sollte, wie ein verbreitetes Vorurteil dem Individualismus unterstellt. Individualismus hat auch nichts mit „Egoismus" zu tun. Man kann als Unternehmer z. B. nach maximalem Gewinn streben, um damit wohltätige Stiftungen zu finanzieren. Der Einzelne ist immer durch seine Mitmenschen und das „Sozialkapital" von Tradition, Sitten usw. geformt. Utopisch ist dagegen die Annahme, ein echter „Individualist" sei durch den sozialen Einfluss seiner Umgebung sich selbst „entfremdet" und müsse sich darum diesen Einflüssen entziehen, um ganz „er selbst" zu werden. Dies ist so genannter „Atomismus", der wirklichkeitsfremd ist, denn niemand kann durch „Selbstzeugung" entstehen, weder physisch noch sozial-kulturell. Man kann freilich andererseits die Macht der Kollektive über den Einzelnen so weit steigern, dass er zur Nullität wird, ein *Sklave*, der dann auch für diese Gemeinschaften nur von geringem Wert ist. Gemeinschaften sind nur

stark, wenn sich der Einzelne mit ihnen identifizieren kann, wenn er sie auch innerlich selbst bejaht und möglichst frei gewählt hat.
Literaturtipp: Friedrich August von Hayek: Wahrer und falscher Individualismus, in: Individualismus und wirtschaftliche Ordnung, 2. Aufl., Salzburg 1976, S. 9 ff.

Industrialisierung
Industrialisierung bedeutet die Revolutionierung traditionellen Wirtschaftens durch moderne Naturwissenschaften und Technik in arbeitsteiligen Märkten mit der schon im 19. Jahrhundert beobachtbaren Folge, dass mehr Menschen besser ernährt werden konnten und länger lebten als je vorher, ja sogar eine Bevölkerungsexplosion einsetzte. Die Industrialisierung beseitigte überkommene Armut überall dort, wo sie sich ausbreitete. Die revolutionierende Eisenbahn z. B. schaffte mehr Arbeitsplätze als das Postkutschenwesen je bieten konnte. Ohne die Industrialisierung hätte ein Millionen-„Proletariat" gar nicht existieren können. Die These von der Verelendung durch Industrialisierung und „Frühkapitalismus" ist ein sozialistisches Ammenmärchen, das von modernen Sozialhistorikern vielfach widerlegt worden ist, aber sich bis heute in Schulbüchern fortpflanzt. Der entscheidende Motor der Industrialisierung ist nicht Naturwissenschaft oder Technik, sondern der *marktwirtschaftliche Wettbewerb.*

Industriepolitik
Gesamtbezeichnung für staatliche Subventionierung von bestimmten industriellen Wirtschaftszweigen, regelmäßig auf Nationalismus oder „Anmaßung von Wissen" über die zukünftige Entwicklung beruhend. Dies betrifft sowohl die allgemein übliche Protektion absteigender Industriezweige („Schutz der Verlierer") als auch die „fortschrittliche" Unterstützung von technischen Entwicklungen und Industriezweigen, denen angeblich die Zukunft gehört („Technologieförderung"). Eine grundsätzlich überflüssige und von vielen Fehlschlägen begleitete staatliche Intervention (z. B. jüngstens in Deutschland: „Transrapid"). Hauptprofiteure sind Großkonzerne, die diese Unterstützung über geschickte politische Lobbyarbeit immer gern „mitnehmen". Technik und Wirtschaft sind auf solche Interventionen nicht angewiesen, namentlich dann nicht, wenn ihnen sowieso die Zukunft gehört. Der Staat kann die technische Entwicklung positiv durch günstige Rahmenbedingungen wie z. B. niedrige Steuersätze, günstige Abschreibungssätze und wenig Bürokratie sichern.

Intellektuelle
Allgemein übliche Bezeichnung von wissenschaftlich oder literarisch geprägten Menschen, die in der Verbreitung von sozialen Lehren oder Ideologien ihren Lebensunterhalt suchen, entweder als deren Schöpfer wie z. B. Karl Marx oder als „Gebrauchtwarenhändler in Ideen“ wie Lehrer, Journalisten etc. Intellektuelle neigen zur Abstraktion und zur Überschätzung der „Machbarkeit des Sozialen“, ihre Ethik ist oft die archaische Ethik des Stammes („soziale Gerechtigkeit“). Vor allem Linksintellektuelle leben von der Erzeugung von Unzufriedenheit gegen die vorgefundenen Ordnungen und wurden zu Verursachern und Verantwortlichen historischer Katastrophen. Sie spielen in so genannten Revolutionen die Hauptrolle.
Literaturtipp: Roland Baader: Totgedacht. Warum Intellektuelle unsere Welt zerstören, Gräfelfing 2002.

K

Kapitaldeckungsverfahren
Im Unterschied zum Umlageverfahren („von der Hand in den Mund“), das unsere sozialen Sicherungssysteme gegenwärtig kennzeichnet, ein Verfahren, das Renten durch Sparen aus einem Kapitalstock entstehen lässt. Während das Umlageverfahren ein moralisch fragwürdiger und juristisch unhaltbarer Vertrag zu Lasten Dritter, politökonomisch instabil ist und Wohlfahrtsverluste zur Folge hat sowie sonst mögliche Selbständigkeit der Bürger reduziert, bildet das Kapitaldeckungsverfahren echte, übertragbare Eigentumsansprüche und steigert den allgemeinen Wohlstand. Es ist ferner ziemlich unabhängig von demographischen Schwankungen, da die Anlage des Kapitals nicht auf den nationalen Raum beschränkt ist. Die Umstellung von Umlage auf Kapitaldeckung ist das Zukunftsprogramm für eine Reform unserer sozialen Sicherung, wobei die *individuelle* Kapitalbildung im Vordergrund stehen muss, nicht etwa die bestehende Sozialversicherung Kapitalrücklagen bilden sollte, die ja immer der fiskalischen Begehrlichkeit der Politker ausgesetzt wäre.

Kapitalflucht
Natürliche Reaktion des mobilen Kapitals auf unbillige und ungerechte Enteignungsakte durch Progressivsteuern, konfiskatorische Abgaben oder sonstige fragwürdige Einschränkungen des Eigentums wie z. B. durch Inflation, Devisenzwangswirtschaft oder Mitbestimmung ohne Mithaftung. Eine Regierung, die den ungeschriebenen Gesellschaftsver-

trag der Gegenseitigkeit durch Fiskalismus verletzt und für ihre unwirtschaftlichen Projekte und aufgeblähten Apparate das Privateigentumsrecht unterminiert, wird immer Gegenreaktionen des in seinem legitimen Kernbereich bedrohten Bürgers hervorrufen, der mit Recht auf sein Urrecht, auf den „Ertrag der eigenen Arbeit" und dem Recht auf Eigentumsübertragungen besteht. Das Gebot „Du sollst nicht stehlen" gilt schließlich auch für die Regierenden oder das „Kollektiv". Bisher ist es nicht gelungen, die Eigentumsgarantien des Grundgesetzes (Artikel 14) gegen staatliche Aneignungspolitik und Begehrlichkeiten effizient zu schützen. Der staatliche Griff ins private Portemonnaie gilt immer als „legal", unabhängig von seiner Höhe. So war bis heute – nach vorübergehendem Schwanken unter dem Verfassungrichter Paul Kirchhof – die Rechtsprechung des Bundesverfassungsgerichts. Es konnte sich trotz der Eigentumsgarantien des Grundgesetzes ein schleichender Sozialismus durchsetzen, gedeckt von der unklaren Formel, dass „Eigentum verpflichte".

Kapitalismus

Meist polemisch gemeinte Bezeichnung für die industrialisierte, liberale Marktwirtschaft. Bei der Negativbewertung wird verkannt, dass Kapitalbildung die Grundlage des allgemeinen Wohlstandes, ja des reinen physischen Überlebens der heutigen Menschenmassen ist. Kapitalismus ist *Massenproduktion.* Ohne einen großen Kapitalstock, gute Anlagemöglichkeiten mit annehmbaren Renditen und gesicherten Eigentumsrechten ist eine moderne Nation zum Abstieg verurteilt. Es ist eine Überlebensfrage moderner Zivilisation, ob der „Kapitalismus" genug Freiheitsräume hat. Der mystifizierte Begriff darf nicht darüber hinwegtäuschen, dass der Ausdruck „Kapitalismus" nur eine Abstraktion ist und in der Realität sich nur in einzelnen produzierenden Unternehmen, Investoren und Finanziers vorfindet. Der Kapitalismus ist also keine Person, die selbst handeln kann, er kann weder an etwas schuld, noch unschuldig sein, weder gerecht noch „ungerecht" sein oder handeln.
Literaturtipp: Roland Baader: Kapital am Pranger, Gräfelfing 2005.

Kapitalismuskritik

Seit Auftreten der modernen Marktwirtschaft vor zweihundert oder dreihundert Jahren ständige Begleiterscheinung des ökonomischen und sozialen Fortschritts. Betrüblicher Hintergrund der Kritik ist das Unverständnis für die Zauberformel des „Kapitalismus": dass in diesem System jedermann nur vorwärtskommt, indem er anderen nützliche Leistungen bietet und dass er eine Einrichtung für die Menschen als Konsumenten insgesamt, vor allem die „kleinen Leute“ ist. Sozialisten können nicht begreifen, dass sich aus dem Eigeninteresse unter allgemeinen Verhaltensregeln mit Preisen als rechnerischen Koordinationsmittel eine spontane Ordnung ergeben kann, die an Effizienz und Wohlstandserzeugung alles übertrifft, was die Welt bis heute gesehen hat. Häufig wird auch für ein Versagen des Kapitalismus gehalten, was nur Ergebnis des Staatsversagens ist: z. B. Massenarbeitslosigkeit als Ergebnis staatlich gesetzten Arbeits- und Sozialrechts, Inflation und Staatsbankrott als Ergebnis des staatlichen Geldmonopols und staatlicher Ausgabenpolitik, das Umweltproblem als Ergebnis fehlender staatlicher Rahmensetzung für die Nutzung von Gemeingütern wie Luft und Wasser, für deren Schutz ja der Staat zuständig ist. Kapitalismuskritik ist *reaktionär*: Sie geht meistens von totaler Gemeinschaftlichkeit („Solidarität“) und einer Ethik des familiären Teilens aus, die in einer offenen Marktgesellschaft nicht funktionieren kann und die nur die Verbesserung der allgemeinen Lebensverhältnisse behindert.

Literaturtipp: Friedrich August von Hayek: Der Weg zur Knechtschaft, Neuausgabe München 2003; Roland Baader: Die belogene Generation. Politisch manipuliert statt zukunftsfähig informiert, Gräfelfing 1999.

„Kasino-Kapitalismus“

Zunächst einmal ist ein Kasino nichts Anrüchiges, solange man mit seinem eigenen und ehrlich erworbenen Geld spielt, darf man das auch tun. Erstaunlicherweise wird in Deutschland das Glücksspiel aber vor allem vom Staat betrieben. So zeigt sich die Fragwürdigkeit seines moralisierenden Gehabes, indem er den Privaten jede Art von gewerblichem Spielbetrieb als Laster zu verbieten sucht und selbst das Milliardengeschäft als Monopol exzessiv betreibt (Roland Baader).

Die Milliardenflutwelle spekulativen Geldes, die um die Welt rast, ist staatlich erzeugtes Geld. Es geht hier um Anleihen, die der Staat überwiegend im Konsumsektor „anlegt“ (Rentenzahlungen, Pensionen, Politikergehälter etc.). Man denke an die ungeheuren Stimulierungspakete der japanischen Regierung in den neunziger Jahren, eine wahre Kamikaze-Politik. Mit Kapitalismus haben die riesigen Geldmengen wenig zu tun, denn dem Markt entsteht neues Geld nur als gesicherter Kredit, hinter dem der unerbittliche Rückzahlungszwang mittels Zwangsvollstreckung und Konkursgericht steht. Mit Kapitalismus hat dieser Abertausend-Mil-

liarden-Schwindel nichts zu tun. Was an Kapitalismus „Kasino“ ist, das ist in Wirklichkeit das Ergebnis einer betrügerischen Staatslotterie.
Literaturtipp: Roland Baader: Die belogene Generation, Gräfelfing 1999, S. 99 ff.

Kathedersozialismus
Mildere Form des Sozialismus, wie sie in Deutschland während des Kaiserreichs und von Universitätsgelehrten wie Gustav Schmoller, Adolf Wagner usw. (im „Verein für Sozialpolitik“) vertreten wurde. Der Kathedersozialismus legte die geistige Grundlage für die Erschaffung des deutschen Wohlfahrtsstaates. Bismarck war ihr Testamentsvollstrecker. Bis heute neigen Wissenschaftler, wenigstens außerhalb der Ökonomie, wie auch sonstige Intellektuelle zu eher marktkritischen Positionen, die sie manchmal weit ins „linke“ Lager führen. Bei der Feindschaft vieler Intellektueller gegen den „Kapitalismus“ darf nicht unerwähnt bleiben, dass dieser nur jenen Menschen gute Positionen versprechen kann, die sich durch Leistungen für andere nützlich machen, während im Sozialismus naturgemäß die führenden Positionen nach der Erstürmung der Staatszitadelle den Intellektuellen als Beute zufallen.

Kaufkrafttheorie
Ladenhüter der Ökonomie, heute vor allem von den Gewerkschaften und opportunistischen Politikern wie Müntefering oder Lafontaine vertreten – trotz vielfacher praktischer Widerlegung. Man glaubt, durch Lohnsteigerungen oder Staatsausgaben über Verschuldung, die „Nachfrage“ erhöhen zu können. Dabei wird übersehen, dass dieser künstlichen Lohnerhöhung Kosten bei den Unternehmen gegenüberstehen und auch nur ein Teil des zusätzlichen Einkommens in den Kauf nationaler Konsumgüter eingeht (ein Teil wird gespart, ein anderer für den Kauf von Importgütern verwendet). Stimmten die Annahmen der Kaufkrafttheorie, brauchte man sich nur vor die Büros und Fabriken zu stellen und jedem Arbeitnehmer Euroscheine in beliebiger Höhe zu schenken, um so die Wirtschaft „anzukurbeln“. Mit diesen Maßnahmen gelangt man, wenn die Zentralbank mitmacht, nur zur Inflation, die immer besonders den „kleinen Mann“, seine Rente und seine Ersparnisse trifft. Realistisch ist allein die *Angebotstheorie*, die von allen erfolgreichen Reformregierungen des Westens angewendet wurde (Reagan, Thatcher, Roger Douglas).

Keynes, John Maynard (1883–1946)
Britischer Ökonom und Zyniker, der die chronische Inflation hoffähig gemacht und mit dem berühmten Satz „Auf lange Sicht sind wir alle tot", dahinwurstelnden Pragmatikern der Politik das Stichwort geliefert hat. Die nachfrageorientierte Schule der keynesianischen Ökonomie geht von Illusionen möglicher Gesellschaftssteuerung aus. Sie arbeitet mit Globalgrößen („Gesamtnachfrage" usw.), die eher metaphysischer Art sind, da es kausale Beziehungen nur zwischen Individuen geben kann, nicht zwischen abstrakten Aggregaten. Für die Ökonomie wäre es insgesamt besser gewesen, hätte dieser Engländer nicht gewirkt. Er ist einer der Hauptverantwortlichen an dem extremen Anstieg der Staatsquoten in den vergangenen Jahrzehnten und für das Aufkommen des „Wohlfahrtsstaates".
Literaturtipp: Friedrich August von Hayek: Die Anmaßung von Wissen. Neue Freiburger Studien, Tübingen 1996.

„Kinder"
Kinder sind derzeit Hauptobjekt politischer Begönnerung durch alle Parteien im Wettbewerb. Je mehr dies geschieht, desto schlechter wird jedoch die Geburtenrate in Deutschland und anderen Wohlfahrtsstaaten. Es ist die Meinung aufgekommen, dass die Opportunitätskosten (vulgo: der materielle und berufliche Verzicht) für Kinder heutzutage zu groß sind und für diesen Verzicht der Staat, die Allgemeinheit, finanziell aufzukommen habe: „Mein Kind, deine Ausgabe!" So kommt es zur Sozialisierung der Kinderkosten und zum Aufbau von Familienersatzeinrichtungen bis zur faktischen Auflösung der Familie, ohne dass dies die demographischen Werte verbessern muss. Es geht hier im Kern nicht um materielle Fragen, sondern um grundsätzliche Einstellungen, die im Bereich der Werte liegen.
Literaturtipp: Unternehmerinstitut der ASU e.V.: Weniger Staat, mehr Familie, Berlin 2006.

„Kinderarbeit"
„Kinderarbeit" ist keine Erfindung des „Kapitalismus", sondern stellte die Übertragung einer jahrtausendealten allgemein üblichen Praxis in die industrielle Welt des 19. Jahrhunderts dar, war als „Fabrikarbeit" aber eher eine Ausnahmeerscheinung. Besonders der absolutistische Staat im 18. Jahrhundert hat Kinderarbeit gefördert, um sie so von der Straße wegzubekommen und ökonomisch zu erziehen. Kinderarbeit lieferte, bevor die Marktwirtschaft ihre produktive Wirkung entfalten konnte, einen

oft lebenswichtigen Beitrag zum Haushaltseinkommen der Familie. Sie wurde erst nach und nach beseitigt, als der ökonomische Fortschritt dies erlaubte. „Kinderarbeit" wird heute nur noch als allgemeine „Schulfron" und in genau definierten Ausnahmefällen akzeptiert. Anders ist die Lage in den so genannten Entwicklungsländern, in denen die Kinderarbeit weiterhin häufig zum Überleben der Familie notwendig ist. Wer zum Boykott von mit Kinderarbeit gefertigten Artikeln (etwa Teppichen) aus diesen Ländern aufruft, stürzt, wenn er sich durchsetzt, oft genug Familien ins Elend, treibt die Kinder zur Prostitution oder in die Kriminalität. Hinter der Agitation gegen „Kinderarbeit" steckt auch das protektionistische Interesse von nationalen Industrien, die mit pseudohumanitären Argumenten die Einfuhr von Billigprodukten (z. B. Textilien) verhindern wollen.

„Klassenkampf"

Kategorie des sozialistischen Denkens, die schon überholt war, als sie (im 19. Jahrhundert) viele noch für richtig und zutreffend hielten. Nicht nur gibt es keine einheitliche Interessenlage einer „Klasse", die sich im Übrigen schwer abgrenzen lässt, noch haben sich solche „Klassen" gesamthaft politisch organisiert. Das Klassendenken verkennt besonders das Gesamtinteresse einer arbeitsteiligen Gesellschaft an freiem und gerechtem Austausch von Gütern und Dienstleistungen, die *„Solidarität"* der Marktgesellschaft. Es ist heute noch vor allem bei Gewerkschaften und Parteien vertreten, die sich als „Umverteiler" im Namen von „sozialer Gerechtigkeit" verstehen: den einen wegnehmen, um den anderen zu geben. Das Klassendenken spiegelt sich vielfach in unserem gegenwärtigen Arbeitsrecht wider, im Tarifvertragsrecht wie im individuellen Arbeitsrecht, ebenso im Sozialrecht. Die vordergründigen „Gegensätze" zwischen Arbeitgeber (was auch der Staat sein kann) und Arbeitnehmer sind unbedeutend im Vergleich zu den gemeinsamen Interessen an der Bewahrung der arbeitsteiligen, freien Austauschverhältnisse und des Privateigentums in der Marktwirtschaft. Nicht physische Machtausübung: ökonomische Erfolgsregeln oder „-gesetze" regieren die Wirtschaft. Wenn man z. B. die Löhne mit der Zwangsmacht des Tarifkartells höher treibt als sie es unbehindert wären, kann man nur Arbeitslosigkeit hervorrufen. So sind es auch nicht die Erpressungsmaßnahmen der Gewerkschaften gewesen, das Kartell mitsamt Streik, welche den Aufstieg der Arbeitnehmer seit dem 19. Jahrhundert gebracht haben, sondern die zunehmende Produktivität der Marktwirtschaft. Polemisch könnte man freilich *heute* von zwei Großklassen sprechen: den „öffentlich Bediensteten", den steuerfinanzierten Trägern des politischen Apparats und denen, die diese „politische Klasse“ zu unterhalten physisch gezwungen werden: die Masse der Staatsbürger als Steuerzahler, „tax-payers and tax-eaters“.

Kleinstaat

Idealform des sozialen und politischen Lebens. Hier kann das bürgerliche Leben voll gedeihen, ist echte Staatsbürgerschaft möglich. Die Identifikation mit einem Ganzen, das man übersehen kann, macht keine Mühe. Das lokal vorhandene Wissen kann optimal ausgenutzt werden. Die Verwaltungskosten eines so kleinen Gebildes sind niedrig. Das Milizsystem (Ehrenamt) kann eine große Rolle spielen. Kleinstaatliche Strukturen zeichnen sich in allen Zeiten durch eine besondere kulturelle Produktivität aus. Man denke an die konkurrierenden Poleis im antiken Griechenland, die Stadtstaaten in Deutschland und in Italien, im späten Mittelalter und der Renaissance oder an das Deutschland des 18. Jahrhunderts, besonders Thüringen. Bei internationalen Vergleichen wirtschaftlicher Freiheit fällt auf, dass es besonders Kleinstaaten sind, die sich der Welt öffnen und auch öffnen müssen, da jede Autarkiebestrebung – im Unterschied zu Großstaaten, die ganze Kontinente umfassen – illusorisch ist. Man denke gegenwärtig an Hongkong, Singapur, Neuseeland oder die Schweiz. Der Nachteil von Kleinstaaten ist ihre militärische Schwäche. Sie sind durch Großmächte leicht erpressbar und nur eine kluge Neutralitäts- oder Bündnispolitik kann ihre Freiheit bewahren. Äußerster Gegenpol zum Kleinstaat ist das Imperium.
Literaturtipp: Gerd Habermann: Der bürgernahe Staat: eine jahrtausendalte Forderung, in: Orientierungen zur Wirtschafts- und Gesellschaftspolitik, Nr. 56 (1993) S. 2ff.

„Komfortable Stallfütterung“

Polemisches Bild des „Alt-Neoliberalen“ Wilhelm Röpke (1899–1966) für das Ideal des Wohlfahrtsstaates: gleichmäßige Staatsversorgung für alle von der Wiege bis zur Bahre: in allen kritischen Lebenssituationen (Unfall, Krankheit, Alter, Pflege usw.) bis hin zu den Details des Verbraucherschutzes, der am liebsten z. B. Tabak, Süßigkeiten und Alkohol verbieten würde, wenn sich die Puritaner der EU-Kommission durchsetzen könnten. Schon Immanuel Kant sprach im 18. Jahrhundert im Hinblick auf den preußischen Wohlfahrtsdespotismus seiner Zeit, vom „zahmen Hausvieh“, das durch diese Bevormundungspolitik erzeugt würde. Wer die Menschen vor den normalen Lebensrisiken „schützen“ will, muss sie

zugleich beherrschen und raubt ihnen Erfahrungsmöglichkeiten. So ist der Wohlfahrtsstaat der Gegenwart immer auch ein Zwangsstaat (Wegnahme von Eigentum, Einschränkung der Vertragsfreiheit) – und er *verdummt* die Bürger.
Literaturtipp: Wilhelm Röpke: Jenseits von Angebot und Nachfrage, 5. Aufl., Stuttgart, 1979.

Kommunismus
Zustand vollständiger Vergemeinschaftung des Individuums zugunsten der „Horde", des Stammes oder Staates. „Privat ist nur der Schlaf" (und vielleicht noch die Zahnbürste). Alles andere ist der Horde untertan bzw. den Hordenchefs. Auf technisch-naturwissenschaftlicher Grundlage (d. h. mit „volkseigenem" Versorgungskomfort in Kollektivküchen, Hotelunterbringung usw.) das fragwürdige Ideal des Kommunismus marxistischer Prägung. Der „Sozialismus" ist die vorbereitende Stufe zur vollkommenen Auflösung des Privat-Individuellen. Unter modernen Lebensbedingungen würde die weltweite Einführung des Kommunismus zum Untergang der Zivilisation führen.
Literaturtipp: Igor Schafarewitsch: Der Todestrieb in der Geschichte, Erscheinungsformen des Sozialismus, Frankfurt/M., Berlin, Wien 1980.

Kommunistisches Manifest
Berühmtes Pamphlet von Karl Marx und Friedrich Engels (1847/1848). Dieses „Manifest" und die anderen Schriften der sozialistischen Bewegung führten leider nicht nur intellektuelle, sondern auch viele Arbeiter in die Irre und sorgten dadurch für unendliches Leid, dass man die Marktwirtschaft gemäß Theorie durch eine sozialistische Planwirtschaft zu ersetzen suchte. Die „Jahre der Wahrheit" waren in Europa die Jahre vom Fall der Berliner Mauer bis zum Zusammenbruch der Sowjetunion (1991). Vieles aus diesem „Manifest" wurde unter wohlfahrtsstaatlichem Kennzeichen in Europa und darüber hinaus verwirklicht. So z. B. eine starke Progressivsteuer; zwar nicht die Abschaffung, aber doch Einschränkung des Erbrechts; die Zentralisation des Kredites in den Händen des Staates (Nationalbank); die Zentralisation des Transportwesens in den Händen des Staates (inzwischen durch motorisierten Individualverkehr, Flugverkehr, Reprivatisierung usw. korrigiert), die öffentliche unentgeltliche Erziehung aller Kinder. Die Ziele des Sozialismus/Kommunismus im Übrigen – materieller Güterüberfluss für alle und viel Freizeit – wurden im Kapitalismus realisiert. Der

Sozialismus brachte, wo er ans Ruder kam, nur allgemeine Verarmung und Willkür.

Kommunitarismus

Eine normative, vor allem in Amerika (etwa Michael Walzer, Charles Taylor, Amitai Etzioni), verbreitete Theorie der Gemeinschaften, die den Zusammenhalt und die Integration einer Gesellschaft ausmachen und von der reinen Markttheorie und gewissen naiven Liberalen häufig übersehen werden: von der Familie bis hin zur nationalen Gemeinschaft. Die (liberalen) Vertreter dieser Schule warnen vor einer Gefährdung des Zusammenhalts durch Schwächung der Gemeinschaften, sowohl durch ein wirklichkeitsfremdes „atomistisches" Denken als auch durch den Wohlfahrtsstaat. Freilich sehen einige Kommunitarier den Wohlfahrtsstaat gerade als Ausdruck des Gemeinschaftsdenkens und wehren sich gegen seine „neoliberale" Reform. Zutreffend ist, dass es in der Tat nicht nur die marktwirtschaftliche Organisationsform gibt, dass den Märkten Gemeinschaften vorgelagert sind, die die Nachfrageströme strukturieren und der konkreten Gesellschaft erst ihre Identität geben.

Literaturtipp: Gerd Habermann: „Kommunitarismus" oder: Institutionelle Voraussetzung der Freiheit – einige Thesen, in: Georgios Chatzimarkakis/ Holger Hinte (Hrsg.) Freiheit und Gemeinsinn – Vertragen sich Liberalismus und Kommunitarismus?, Lemmens Verlags- u. Mediengesellschaft mbH, Bonn 1997, S. 12-23.

Konkurrenz

Im Gegensatz zum lähmenden Monopol mit seinen Missbrauchsmöglichkeiten ist die Konkurrenz eine höchst sinnreiche „soziale Erfindung" und die wichtigste Garantie für materiellen Fortschritt und Lebensfreude. Konkurrenz ist nicht nur das Leben des Geschäfts, sondern auch das Geschäft des Lebens. Im Wettbewerb müssen wir uns um die Gunst des Nächsten bemühen, Wettbewerb lehrt uns Wissen, Möglichkeiten und Fähigkeiten zu entdecken, spornt uns an, hindert uns am Einschlafen, belohnt uns, und ist politisch das wichtigste *Entmachtungsinstrument.* Wer Konkurrenz als „darwinistisch" brandmarkt, sollte sich klarmachen, dass Konkurrenz in Wirtschaft und Kultur unter verbindlichen moralischen Regeln verläuft; dass es hier nicht um einen „Kampf ums Dasein", sondern nur um sozialen Rang und Lebensstandard geht. Der geschäftlichen Konkurrenz gelingt im Übrigen unzählige Male immer wieder, was sonst nur der Liebe gelingt: das Ausspähen der innersten Wünsche des Nächsten als Konsumenten. Nir-

gends geht es überdies den wirklich „Schwachen" besser als in einer Wettbewerbsgesellschaft mit ihrer hohen Produktivität, die auch entsprechend großzügige private und öffentliche Leistungen für Hilflose bereitstellt.
Literaturtipp: Gerd Habermann: Zum Lob des Wettbewerbs, in: Orientierungen zur Wirtschafts- und Gesellschaftspolitik der Ludwig-Erhard-Stiftung, Nr. 79 (1999), S. 56-60.

Konsensgesellschaft
Ein besonders in Deutschland verbreitetes Politikideal, das – selbst zur Durchsetzung des Gemeinwohls – auf Konfrontation mit mächtigen Gruppen verzichtet und praktisch eine Kapitulation vor egoistischen Partikularinteressen darstellt. Es kommt zu Kompromissen, die das sachlich Notwendige nicht mehr durchzuführen erlauben. Politiker übernehmen dann die Rolle als bloße steuerfinanzierte Manager und Moderatoren des Konflikts. Die Konsensgesellschaft ist der direkte Weg in den „Korporatismus", d. h. in eine neue Ständegesellschaft – eine Gesellschaft abgestufter Berechtigungen und segmentierter Märkte. Zum Thema Konsenspolitik bemerkte Margaret Thatcher einmal: *„Konsenspolitik ist ein Vorgang, bei dem man alles aufgibt, woran man glaubt, alle seine Prinzipien, Werte und politischen Ansichten und etwas anstrebt, woran niemand glaubt, aber wogegen auch niemand etwas einzuwenden hat. Der Vorgang, bei dem man genau die Probleme, die gelöst werden müssen, umgeht, nur weil man sich in einem bestimmten Punkt nicht einigen kann. Aber für welche große Sache kann man unter dem Banner des Spruches ‚Ich stehe für den Konsens' siegreich streiten?"*

Konsument
Der Souverän der Marktwirtschaft, der mit seiner Geldausgabe die Produktion lenkt und so auch Herr über die Unternehmen ist, ähnlich wie der Stimmbürger mit dem Wahlzettel die Richtung der Politik bestimmt, nur weit präziser. Da Konsumenteninteressen wegen ihrer Allgemeinheit schwer zu organisieren sind, ist es vielfach gelungen, sie an die Seite zu schieben und stattdessen über Subventionen und Vorrechte auf allgemeine Kosten zu leben. So werden etwa unrentable Arbeitsplätze und Unternehmen aufrechterhalten, die nicht mehr den Wünschen der nachfragenden Konsumenten entsprechen. Der freie Markt ist ein tägliches Plebiszit der Konsumenten über das richtige Angebot an Gütern und Dienstleistungen: *„Konsumentendemokratie"*.

Korporatismus
Herrschaft der privilegierten Privatverbände auf Kosten gemeinwohlbezogener Politik und des Rechtsstaates, die in einem *Ständestaat* nach Beispiel der frühen Neuzeit enden kann. An die Stelle der unterschiedlich privilegierten Herzöge, Barone oder Stadtpatriziate treten heute die Verbandsfürsten, deren Veto jede weitergreifende politische Reformabsicht zum Scheitern bringen kann. Stärkste Verbände in Deutschland, politisch hoch privilegiert, z. B. in der sozialen Selbstverwaltung und im Tarifvertragsrecht sind die *Gewerkschaften*, danach die Industrieverbände und mächtige Mittelstandsverbände wie der Zentralverband des Deutschen Handwerks. Auch die Verbände der Sozialversicherung, z. B. der Verband der Rentenversicherungsträger oder der Hauptverband der Gewerblichen Berufsgenossenschaften in St. Augustin, erfreuen sich großen Einflusses auf die Politik. „*Politik wird (*nach Friedrich August von Hayek*) zunehmend ein Synonym für den Prozeß des Stimmenkaufs und für das Schmieren und Belohnen von unlauteren Sonderinteressen, ein Auktionssystem, in dem alle paar Jahre die Macht der Gesetzgebung denen anvertraut wird, die ihren Gefolgsleuten die größten Sondervorteile versprechen.*" Die derzeitige Massenarbeitslosigkeit und die gewaltige Staatsverschuldung in Deutschland sind Ergebnis dieses „Korporatismus". Ohne die ostdeutsche „Lobby" oder die Mehrheit der Länder im Bundesrat läuft derzeit nichts mehr. Die Marktwirtschaft wird unter diesen Voraussetzungen nach und nach gelähmt. Mit konsequenter korporatistischer Durchorganisation beginnt der Abstieg einer Nation: es geht nichts mehr, überall ist Sand im Getriebe, die kleinste Reform bleibt stecken.
Literaturtipp: Mancur Olson: Aufstieg und Niedergang von Nationen, Tübingen 1985.

Korruption
Vor allem in Gesellschaft mit großer Staatsbürokratie eine Versuchung, durch widerrechtliche Zahlungen an Regierungsbeamte die erstarrte und lähmende politische Maschine etwas in Bewegung zu bringen, zu „schmieren". In Diktaturen wird der Repressionscharakter durch „Korruption" abgemildert. So konnte der Sozialismus überhaupt nur so lange existieren, weil er durch Korruption als „Schmieröl" gemildert wurde. Grundsätzlich gilt: Je mehr Staat, desto mehr Versuchungen zur Korruption. Darum ist das beste Antikorruptionsprogramm: *Mehr Marktwirtschaft.* Hier kann man sich nur durch reale Vorteile für den Nächsten vorwärtsbringen.

„Kostendämpfung"
Seit den siebziger Jahren zu beobachtender, immer vergeblicher und trotzdem wiederholt unternommener Versuch unbelehrbarer Politiker, eine boomende Branche, das so genannte Gesundheitswesen, durch eine Art Preisstopp niederzuhalten (Ideal der „Beitragssatzstabilität"). Dies, um die Folgen der Hochlohnpolitik des Tarifkartells zu mildern bzw. die Arbeitskosten trotz (falscher) Verbindung des Arbeitsvertrags mit der sozialen Sicherung zu fixieren. In einem bewegten Meer von Millionen Preisen sollen die Preise einer Branche politisch festgehalten werden! Trotz aller historischen Erfahrung, dass Preispolitik dieser Art nichts an den tatsächlichen Knappheitsverhältnissen ändern kann, nur zu Verwerfungen und zur Verbitterung der „kostengedämpften" Gruppen wie Ärzten, Apothekern usw. führt, die um ihr wohlverdientes Einkommen geprellt werden, ‚irrt die „Gesundheitspolitik" immer wieder in diese Richtung ab. Unser Gesundheitswesen wurde durch diese Politik zu einer Art Irrenhaus, in dem niemand mehr berechnen kann, was ihn in den nächsten Monaten an kapriziösen Einfällen des Gesetzgebers noch erwarten mag und wo ein Parlament seine Zeit damit vertut, über Einzelheiten der Finanzierung des Zahnersatzes zu streiten.

Kostenerstattung
Das Minimum einer Transparenz von Behandlungskosten im „Gesundheitswesen" wird durch das Kostenerstattungsprinzip gewährleistet. Der Patient erhält eine Rechnung, die er an seine Versicherung weitergibt. Fehlt diese Kostenerstattung, hat der Patient keine Kontrolle über die Kosten, die er verursacht, gibt sich vielleicht der Illusion des „Umsonst" hin. Statt der Kontrolle durch Abrechnung mit den Patienten übernehmen dann die gesetzlichen Kassen eine Art Kostenpolizei, die sie in ständige Konflikte mit Ärzten verwickelt. Da ihnen diese Polizeifunktion aber eine willkommene Machtstellung gibt, sind sie gegen jede Änderung des Status quo. Für Ärzte mit grenzwertiger Moral ist das vordergründige „Null-Tarif-System" eine Versuchung zu großzügiger, ja selbst betrügerischer Abrechnung. Marktwirtschaft und Preise wären auch hier die besten Kontrolleure, aber sie entziehen natürlich den Eingriffen der Politiker ein interessantes Spielfeld.

„Kostenexplosion"
Seltsamer Begriff aus dem deutschen „Gesundheitswesen". Abgesehen davon, dass dies bei genauerer Betrachtung durchaus nicht der Fall ist, ist

schon der Begriff fragwürdig und Ergebnis willkürlicher politischer Bewertung. Eine Marktwirtschaft kennt größere oder geringere Knappheiten, die sich in der Preisentwicklung widerspiegeln. Wenn sie im „Gesundheitswesen“ in die Höhe strebt, signalisiert sie eine steigende Nachfrage, die mit steigender Produktion beantwortet wird oder politische Fehlsteuerungen, die künstlich die Kosten in die Höhe treiben, z. B. die Illusion, man dürfe in diesem Bereich nicht marktwirtschaftlich rechnen. Natürliche Preiserhöhungen durch politischen Preisstopp bremsen zu wollen, ist ökonomischer Analphabetismus, aber unter diesem leiden offenbar viele so genannte Gesundheitspolitiker chronisch.

Krankenversicherung

Die Private Krankenversicherung ist eine Erfindung der Marktwirtschaft im Interesse des „kleinen Mannes“, der allein schwer kalkulierbare Risiken wie die Kosten einer Erkrankung nicht meistern kann. Die Gesetzliche Krankenversicherung ist dagegen gar keine Versicherung (sie so zu nennen ist nur ein demagogischer Trick), sondern vor allem eine Umverteilungsanstalt über das Umlageverfahren (keine Prämie, sondern am Einkommen orientierte Beiträge, „kostenlose“ Mitversicherung nicht erwerbstätiger Eheteile und Kinder). Die Gesetzliche Krankenversicherung ist heute keine Einrichtung für „schwache“ Arbeitnehmer mehr, sondern durch viele wohlhabende freiwillige Mitglieder vielfach eine Veranstaltung zur Verteilung von „unten nach oben“ (der Generaldirektor mit seiner Familie auf Kranken-Chip). Durch Anhebung der Beitragsbemessungs- wie der Zwangsversicherungsgrenze wird verhindert, dass eine wohlhabender werdende Bevölkerung aus dieser Sozialprothetik herauswächst und selbständig wird. Die Umwandlung der Gesetzlichen Krankenversicherung in private Versicherungsfirmen ist eine der wichtigsten kommenden Reformagenda. Wer die Prämie nicht aufbringen kann, wird direkt unterstützt statt über verschwenderische „Nulltarife“ für Sach- und Dienstleistungen.

Krankheit

Ähnlich wie der Ausdruck „Gesundheit“ ein kaum objektiv präzise definierbarer Begriff. Nehmen wir beispielsweise die Gesundheitsdefinition der Weltgesundheitsorganisation (WHO) aus dem Jahre 1948: „Zustand des vollkommenen physischen, psychischen und sozialen Wohlbefindens“, so sind wir alle krank. Wenn auch Schwangerschaft, Geburt und Abtreibung, natürliches Altern und Sterben („Medikalisierung des

Todes“), Frigidität, Impotenz, kosmetische Defekte mit psychischer Auswirkung als „Krankheit“ gelten, ist dies natürlich ein willkommenes Geschäftsprogramm für – namentlich – gesetzliche Krankenkassen. Vielleicht übernehmen sie demnächst auch die Kosten einer Geschlechtsumwandlung. Kassenfunktionäre und Parteien haben sich jahrelang in die Rolle eines Gastgebers bei einem Gesundheitsmahl hineingelebt, bei dem für den Gast nichts zu teuer sein darf, obwohl oder weil er gerade die Kosten nicht erfahren wird. Bisher gibt es nur zaghafte Korrekturen auf diesem Gebiet mit „kostendämpfenden“ Getöse ohne Wirkung.

Kündigungsschutz

Leider wird darunter fast ausschließlich der *gesetzliche* Kündigungsschutz verstanden, der unabdingbar und in seinem monströsen Ausmaß ein wichtiger Grund des zögernden Einstellungsverhaltens vieler Unternehmen ist, namentlich wegen der Rechtsfigur der „sozialwidrigen“ Kündigung und den damit verbundenen Abfindungszwängen. Sinnvoll ist dagegen ein einzelvertraglich frei vereinbarter Kündigungsschutz, dessen Ausmaß sich nach den persönlichen Wünschen richtet. Man könnte dann etwa „mehr Netto“ für weniger an Kündigungsschutz aushandeln. Je mehr die so genannten „Sondergruppen“ am Arbeitsmarkt (Behinderte, ältere Arbeitnehmer, Frauen usw.) gesetzlich gegen Kündigung „geschützt“ werden, desto höher sind auch ihre Arbeitslosenquoten. Dies ist der vom Ökonomen Wolfgang Stützel so genannte *soziale Bumerangeffekt.* Grundsätzlich sollte auf beiden Seiten Kündigungsfreiheit herrschen, also die Kündigungsmodalitäten frei vereinbart werden, und keine Seite zu einer Art „Zwangsverbrüderung“ mit der anderen angehalten sein. Es ist ein Urrecht, mit jemandem nur so lange zusammenzuarbeiten, wie man will und wie man es vereinbart hat.

„Kunst des Möglichen“

Gern berufen sich unsere Politiker auf ein angebliches Wort von Bismarck: Politik sei die Kunst des Möglichen. Aber ist gute und große Politik nicht vielmehr die Kunst, das scheinbar Unmögliche, *aber sachlich Notwendige,* möglich zu machen? Die Diagonale zwischen zwei divergierenden Ansprüchen zu ziehen – das ist dagegen keine „Kunst“, das kann jeder. Bismarck gelang die Einigung der Nation im Kampf mit dem preußischen Parlament, den Großmächten seiner Zeit, oft genug auch mit seinem Chef, König bzw. später Kaiser Wilhelm, und einer weiteren europäischen Großmacht: dessen Frau Augusta. Dürfen sich die allzu bescheidenen Kleinmeister der „Koalitionsvereinbarungen“ darauf berufen? Zudem: Die Politiker werden dafür bezahlt, dass sie *Probleme lösen, nicht Probleme machen* – und schon gar nicht mit jenen Problemen aufgeregt ringen, die wir ohne sie wahrscheinlich gar nicht hätten.

L

Laffer-Kurve
Ein Theorem des amerikanischen Ökonomen Arthur B. Laffer (geboren 1941) entsprechend dem ältern Swiftschen Steuereinmaleins und der noch älteren Einsicht des mittelalterlichen arabischen Gelehrten Ibn Khaldun. Es geht hier um die von den Politikern zu ihrem eigenen und allgemeinen Schaden häufig genug ignorierte Einsicht, dass Steuersätze, wenn sie zu hoch angesetzt sind, leistungshemmend wirken, damit das Wachstum mindern und im schließlichen Resultat zu einem niedrigeren Steueraufkommen führen als dies bei geringeren Steuersätzen der Fall wäre. An der Ignorierung dieser so genannten Laffer-Kurve scheiterte das Römische Reich, dessen am Schluss eklatant hohe Steuersätze die Bürger dazu verleiteten, lieber nach einer niedrigen Steuerklasse als nach einem hohen Einkommen zu trachten. Jüngstes Beispiel in Deutschland für die Wirksamkeit der Laffer-Kurve ist die einnahmenmindernde Wirkung der drastischen Erhöhung der Tabaksteuer durch den früheren Finanzminister Eichel.

Laissez-Faire
Ursprünglich (18. Jahrhundert, Physiokratie) die frohe Botschaft von der Zweckwidrigkeit quälender Vielregierei durch den Staat. Lasst die („wohlverstandenen“, d.h. durch Moral gezügelten) Eigeninteressen frei spielen und das Gesamtwohl wird sich unfehlbar von selbst einstellen: so lautete diese Botschaft im Kern. Im Laufe des 19. Jahrhunderts wurde diese Parole seitens der Politik, die zunehmend unter Interessentendruck geriet, dahingehend verstanden, dass ein „Laissez-Faire“ auch bei den *Regeln* möglich sei. Es wurde also übersehen, dass zu einer funktionierenden freien Ordnung ein klarer Ordnungsrahmen gehört. An diesem ordnungspolitischen Versagen ging dann die Weimarer Republik zugrunde, die des Problems der allgemeinen Kartellierung, besonders des Arbeitsmarktes, nicht Herr wurde. Durch die ordnungspolitische Verwahrlosung unserer Tage ist gegenwärtig das bedroht, was von der Sozialen Marktwirtschaft nach Jahrzehnten dilletantischer Vielregierei noch übriggeblieben ist.
Literaturtipp: Henry Hazlitt: Economics!, Stuttgart 1983

Liberalismus

Befreiungsbotschaft für den „kleinen Mann“, im Wesentlichen im 17. und 18. Jahrhundert konzipiert, mit Wurzeln in der Antike und im Christentum. Seine zentrale Botschaft lautet: Jeder hat seine eigene Würde, er ist Herr seines Körpers und seines Eigentums und allein seinem Gewissen verantwortlich. Diese Botschaft – besonders ihre ökonomische Variante – revolutionierte die Verhältnisse in Europa und darüber hinaus, beseitigte Monopole und feudale Privilegien (auch auf dem Gebiet der Meinungen und des Glaubens) und führte den traumhaften Massenwohlstand herbei, der unsere Gegenwart charakterisiert, aber durch den „Sozialsozialismus“ zunehmend bedroht ist. Leider ist bis heute nur ein Teil dieser Befreiungsbotschaft realisiert, hohe Staatsquoten, Fiskalterror und die egalitäre Zensur der so genannten politischen Korrektheit (z. B. „Antidiskriminierung“) schränken den Raum der Freiheit, sogar der Meinungsfreiheit, bei uns bedeutend ein und machen neue Kämpfe notwendig.

Literaturtipp: Friedrich August von Hayek: Liberalismus, Tübingen, 1979. Stephen Holmes: Die Anatomie des Anti-Liberalismus, Hamburg 1995. Pascal Salin: Le Liberalisme, Paris 2001

Libertopie

Eine auf dem Programm individueller Freiheit beruhende Version der Utopie, die eben nicht immer sozialistisch sein muss. Die freiheitlichen Utopien haben vielmehr den Charme, dass man sie realisieren kann, da sie mit der Natur des Menschen und den Erfolgsregeln der Ökonomik nicht kollidieren. Radikale Freiheitsdenker im Sinne der Libertopie sind in Deutschland besonders Wilhelm von Humboldt, der sogar die staatliche Sozialhilfe ablehnte, da sie die individuelle moralische Verantwortlichkeit schwäche. Spätere Theoretiker des Minimalstaates sind beispielsweise Ludwig von Mises, Ayn Rand und Robert Nozick und darüber hinaus in extremer Variante die so genannten Anarchokapitalisten in den USA. Diese wollen die staatlichen Funktionen vollständig durch Märkte ersetzen und also auch die „Sicherheitsproduktion“ privatisieren. Dies führt zu kaum akzeptablen Konsequenzen. Auch liberale Gesellschaften sind auf Utopien, d. h. auf überzeugende Visionen dessen, was als Idealziel gewollt wird, angewiesen. Diese sind ein Gradmesser für die Beurteilung der Realität und ein Orientierungsmittel für politische Entscheidungen. Eine Gesellschaft ohne utopische Bilder – leuchtende Muster des Idealen – wäre eine geistige Wüste und trivialisierte die Politik.

Literaturtipp: Gerd Habermann: Müssen Utopien sozialistisch sein?, in: Ordo, Jahrbuch für die Ordnung von Wirtschaft und Gesellschaft, Bd. 55, S. 99–126.

„Links“

Ursprüngliche Bezeichnung einer Ideenrichtung mit Feindseligkeit gegen „bürgerliche Freiheit“, Eigentum, Wettbewerb, Familie, Unternehmerwirtschaft und Nation. Nach dem Zusammenbruch des sozialistischen Systems und dem chronischen Versagen sozialdemokratischer Wohlfahrtsstaaten eine mehr und mehr desorientierte Intellektuellen- und Parteiströmung, die sich von ihrem ursprünglichen Internationalismus verabschiedet hat, technischen Fortschritt verteufelt, Aufstieg und Komfort der Unterschichten verachtet und sich einer strukturkonservativen Verteidigung jener Stellungen widmet, die ihnen der Staat (besonders im Bildungswesen, öffentlichen Medien und Parlamenten) noch immer reserviert. In den letzten Jahren ersetzen mehr und mehr benachteiligte, zum Teil obskure Minderheiten die Rolle des verlorengegangenen „Proletariats“. Die neue Untergangsprophetie gilt nicht dem Kapitalismus, sondern dem Ökosystem. Die Linke hat sich von den Idealen der Aufklärung durch all dies ziemlich entfernt.
Literaturtipp: Dirk Maxeiner und Michael Miersch: Ist die Linke noch links? Positionspapier des Liberalen Instituts der Friedrich Naumann Stiftung, Potsdam 2005; Robert Nef: Politische Grundbegriffe, Zürich 2002.

Locke, John (1632–1704)

Erzvater des Liberalismus, zu dem jedes liberale Denken am Ende zurückkehren sollte, Gegenspieler von Thomas Hobbes, der den Staatsabsolutismus lehrt. Locke sagt, dass die Regierung dem Volk verantwortlich ist und ihre Macht durch das Sittengesetz und die geschichtlich entwickelten Verfassungsgrundsätze begrenzt sind. Der Naturzustand der Menschen ist nicht der Hobbes'sche Krieg aller gegen alle, sondern Frieden und gegenseitige Hilfe. Die Moral macht das Gesetz und nicht umgekehrt. Der Mensch hat ein natürliches Recht auf „Leben, Freiheit und Eigentum“; Einschränkungen dieses Rechts sind nur zum Schutz der gleichartigen Rechte anderer Individuen zulässig. Die vornehmste Pflicht der Regierung ist der Schutz des Eigentums. Locke war wahrscheinlich von Thomas von Aquin angeregt, der auch ein wichtiger Name in der Geschichte des Liberalismus ist.
Literaturtipp: Hardy Bouillon: John Locke, St. Augustin, 1997.

Lohnersatzfunktion (der Rente)
Verstiegener Anspruch der gesetzlichen Rentenversicherung bzw. der Sozialminister seit den fünfziger Jahren, den Lebensstandard im Alter vor allem über Einkommen aus *Staats*rente zu sichern. Dies hat dazu geführt, dass unsere Alten im erschreckenden Ausmaß vom Staat bzw. der Willkür der Parlamente und – bei demographischen Schwankungen – der Willkür der „Jüngeren" ausgesetzt wurden. Wo wie in Deutschland 85 Prozent des Alterseinkommens aus der gesetzlichen Rentenversicherung bezogen werden (Schweiz: 42 Prozent, USA: 45 Prozent, Niederlande: 50 Prozent) ist eine Reform ohne drastische und schmerzhafte Eingriffe kaum mehr möglich. Von der Umlage hin zu Eigentum und Kapitaldekkung wird die Parole der Zukunft sein; viele Rentner werden sich in Zukunft mit Renten auf derzeitigem Sozialhilfeniveau begnügen müssen, wenn – wie leider bereits sicher und kurzfristig nicht mehr zu verändern – die demographische Verwerfung voranschreitet.

Lohnfortzahlung (bei Krankheit)
Sachwidrige Regelung, die Unternehmen für sechs Wochen die Einkommenssicherung bei Krankheit der Arbeitnehmer aufzwingt, statt es dem Arbeitnehmer selbst zu überlassen, wie er sich gegen dieses Risiko versichert (etwa über eine private Krankenversicherung). Da die Lohnfortzahlung in Deutschland auf jede Selbstbeteiligung (Karenztage, Lohnabzug) verzichtet, bedeutet sie eine ständige Versuchung, zumindest die ersten drei Tage, an denen kein ärztliches Attest vorgelegt werden muss, schon bei geringen Unpässlichkeiten „krank zu feiern". Diese Regelung schafft ein Misstrauen zwischen Arbeitgebern und Arbeitnehmern, das durch Selbstbeteiligung überwunden werden könnte. Selbst der Wohlfahrtsstaat Schweden hat solche Selbstbeteiligungsregelungen mit übrigens drastischen Wirkungen für den Krankenstand eingeführt.

Lohnnebenkosten
Die Lohnnebenkosten, inzwischen fast schon „Hauptkosten", ergeben sich (vor allem) aus den *Abgaben zur Sozialversicherung*, welche seit Bismarcks Zeiten sachwidrig mit dem Arbeitsvertrag verbunden ist. Obwohl auch die Arbeitgeberbeiträge Lohnbestandteile sind, sollte mit dieser von Bismarck eingeführten Regelung suggeriert werden, dass der Arbeitgeber sich nach Gutsherrenart für die sozialen Probleme des Arbeitnehmers interessiere. Um die Lohnnebenkosten niedrig zu halten, da sie zusätzliche Arbeitslosigkeit bewirken können, kam es zu absurder Reglementierung

des Gesundheitswesens (Preisstopp: die so genannte Kostendämpfungspolitik) oder zunehmender Finanzierung aus Steuermitteln (gesetzliche Rentenversicherung). *Mit der Abtrennung der Sozialversicherung vom Arbeitsvertrag muss jede ernsthafte Sozialreform beginnen.* Der Sozialversicherungsbeitrag wird dann insgesamt (inkl. Arbeitgeberbeitrag) dem Arbeitnehmereinkommen zugeschlagen. Der Arbeitnehmer wird, wie eigentlich selbstverständlich, selbst zuständig für die Abführung seiner Beiträge zur Sozialversicherung, von der er eine entsprechende Rechnung erhält. Ähnliches könnte man für die Abführung seiner Steuerschuld vorsehen. Auch damit werden die Unternehmen sachwidrig belastet, sie sind die unbezahlten Steuereinzieher der Nation.

„Lohnsubventionen“

Lohnsubventionen, die es für einen Arbeitgeber interessant machen, auch niedrig qualifizierte, billige Arbeitskräfte einzustellen, sind Folgen eines zu hohen durch das Kartell geschaffenen Lohnniveaus, das die Austrocknung des Niedriglohnbereichs verursacht und damit Arbeitslosigkeit schafft. Es gibt hierbei mehrere Modelle. Am brauchbarsten unter diesen insgesamt eher fragwürdigen Eingriffen ist noch die so genannte *aktivierende Sozialhilfe*: d. h. die Sozialhilfesätze werden stark reduziert, ihre Bezugsdauer begrenzt. Es wird dann dem einzelnen arbeitsfähigen Individuum zugemutet, sich nach einem eventuellen Berufstraining einen annehmbaren Lebensstandard durch zusätzliche Arbeit zu sichern. Ferner gibt es einen so genannten „Kombilohn“, der die Tariflöhne für bestimmte Arbeitslosengruppen nach unten freigibt und dann diesen Einkommen aus Steuermitteln Transfers hinzufügt, die nach Ermessen der Politik einen annehmbaren Lebensstandard sichern. Ferner gibt es auch ein so genanntes „Bürgergeld“, von der FDP vertreten, das allerdings eher auf eine bloße Konzentration der Unterstützungsleistungen über einen direkten Einkommenszuschuss hinausläuft. An die Stelle von Kindergeld, Eigenheimzulage und die vielen anderen Sozialsubventionen tritt dann die Überweisung einer einheitlichen Pauschale (*nach Bedürftigkeitsprüfung*). Lohnsubventionen sind eine fragwürdige weitere Staatsintervention, wenn durch Schuld des Tarifkartells und durch zu hohe Sozialtransfers der Niedriglohnsektor beseitigt ist und die Begünstigten kein Interesse daran haben, sich einen Arbeitsplatz zu suchen. Es ist in dem Fall günstiger, von öffentlichen Mitteln, statt von eigener Arbeit zu leben, eine der zahlreichen „Sozialfallen“ in Deutschland.

„Macht der Konzerne“

Macht ist nicht Herrschaft. Keine der großen Konzerne kann mich zwingen, seine Produkte zu kaufen: weder IBM noch McDonalds oder Siemens. Die ca. 40.000 internationalen Konzerne sind Hauptträger des ökonmischen Fortschritts in der Globalisierung: sie investieren immer dort, wo ihr Kapital am dringendsten benötigt wird und schaffen so Arbeitsplätze, die ohne ihr Engagement nicht entstanden wären. Diese mögen schlechter dotiert sein als solche in Hochlohnländern, aber mit ihnen beginnt der Aufstieg.

Literaturtipp: Johann Norberg: Das kapitalistische Manifest, Frankfurt/M. 2003; Roland Baader: Die belogene Generation, Gräfelfing 1999, S. 121 ff.

Makroökonomie

Teilgebiet der Volkswirtschaftslehre, das mit Aggregaten wie z. B. Volkseinkommen, Konsum, Sparen, Investitionen gesamtwirtschaftliche Zusammenhänge in Modellen zu erklären versucht. Bei unkritischem Gebrauch dieser Aggregate, die nur abstrakte Kunstgrößen sind, kann es zu erheblichem Realitätsverlust und zum Verlust der Fähigkeit der Ökonomie, der Politik nützliche Dienste zu leisten, kommen. Das eigentliche Verständnis volkswirtschaftlicher Vorgänge kann ja nur aus dem deutenden Handeln der Einzelnen erfolgen, wie dies die *Mikro*ökonomie, besonders die der österreichischen Schule (Menger, Mises, Hayek und ihre Nachfolger) seit langem leistet. „Aggregate“ sind mystische Wesen, die nur in der Phantasie des Forschers existieren und die Politik zu Anmaßung von Wissen und chronischer Selbstüberschätzung verleitet. Politiker bilden sich dann ein – ähnlich wie die „Fliege auf dem Rade“ (Ferguson) – sie seien es, die das Rad zum Laufen bringen.

Literaturtipp: Friedrich August von Hayek: Die Anmaßung von Wissen, Neue Freiburger Studien, Tübingen 1996.

„Manchestertum, Manchesterkapitalismus“

Der Begriff wird heute in der Regel herabsetzend im Sinne einer „Ellenbogengesellschaft“ oder des „Raubtierkapitalismus“ des 19. Jahrhunderts gebraucht. Die wenigsten wissen, dass sie damit einer Begriffsmanipulation des konservativen britischen Premiers Benjamin Disraeli aufgesessen sind. Es handelte sich bei den Manchesterleuten um eine Gruppe progressiver Publizisten und Unternehmer in der Handelskammer von Manchester (wie etwa Richard Cobden), die im Interesse der arbeitenden Bevölkerung für eine Abschaffung der Getreidezölle eintraten, die das Brot der

Massen künstlich verteuerte und Hungersnöte verursachte. Hier standen auf der gegnerischen Seite die feudalen Landlords, repräsentiert durch Benjamin Disraeli, die, wie heute die europäische Bauernschaft, von der Hochhaltung der Preise gegen inter nationale Konkurrenz profitierte. Auch sonst vertraten die Manchesterleute freihändlerische Parolen und Bildungsprogramme im Interesse der Arbeiterklasse. Selten ist ein Begriff so absurd umgedreht worden wie der von „Manchester"! Manchesterkapitalismus ist das Beste, was dem „kleinen Mann" passieren kann. Ihm verdankt er seinen Aufstieg.
Literaturtipp: Detmar Doering: Mythos Manchestertum, St. Augustin 2004.

Markt, Marktwirtschaft
Das verbindende und friedenstiftende Urmuster menschlichen Tauschs: Ich gebe dir, was du brauchst und du gibst mir, was mir fehlt. Tausch ist die Alternative zur Gewalt, zum Betteln, zum Diebstahl. Er ist ein Inbegriff der Gegenseitigkeit und des Gewinns für beide Seiten. Im Unterschied zum Raub profitieren (solange dieser Tausch sich nach den moralischen Regeln der Gewaltfreiheit, Ehrlichkeit und Vertragstreue richtet) beide Seiten davon. Tausch ist zwar eigentlich ein nüchterner Interessenausgleich, kann aber leicht freundschaftliche Elemente der Verbundenheit erzeugen, die als „Sozialkapital" das gegenseitige Vertrauen verstärken. Marktwirtschaft ist ein Komplex von unübersehbar vielen Tauschvorgängen. Sie kann dadurch mehr Wissen verarbeiten und mehr individuelle Wünsche befriedigen als jedes andere System. Mit einer funktionierenden Marktwirtschaft steht und fällt die moderne Zivilisation und der Massenwohlstand.
Literaturtipp: Ludwig von Mises: Nationalökonomie, München 1980 (1940); Wilhelm Röpke: Die Lehre von der Wirtschaft, 13. Aufl., Bern 1994.

„Marktversagen"
Wertender Begriff, wenn der Markt nicht die Resultate hervorbringt, die der Urteilende (in der Regel die Politiker) sich wünscht, z. B. im Sinne der Verteilung von Einkommen und Vermögen. In der Tat gibt es aber auch natürliche oder technische Monopole, in denen der Markt und Wettbewerb erst künstlich institutionalisiert werden müssen (z. B. Durchleitungsrechte in der Energieversorgung). Gravierender als das so genannte Marktversagen ist das politische oder *Staatsversagen*, das schon ganze Ökonomien zugrunde gerichtet hat, so wenn die Erfolgsregeln der Ökonomik nicht beachtet werden und stattdessen die Regierenden versu-

chen, eine Wirtschaft „par ordre de mufti" zu führen. Die Vergewaltigung der Eigeninteressen durch Einsatz von Macht und Zwang führt regelmäßig zu Wohlfahrtsverlusten. Staatsversagen spielt z. B. beim Umweltproblem eine Rolle, wenn die Regierungen es versäumen, freie oder Gemeingüter institutionell, durch Schaffung von Knappheitsindikatoren und Eigentumsrechten, zu schützen.

Martin, Sankt (316–400)
Legendärer Heiliger und Bischof von Tours, früher römischer Offizier, der durch das „Teilen" seines Offiziersmantels mit einem Bettler als Muster brüderlicher Liebe gegen Fremde legendär geworden ist. Zur Linderung aktueller Not in nächster Umgebung ist dies gewiss eine vorbildliche Haltung der Barmherzigkeit, als sozialpolitisches Leitbild zur Überwindung der Armut in komplexen Gesellschaften aber nicht geeignet. St. Martin ist für einen Unternehmer *als Unternehmer* kein Vorbild! Der Unternehmer teilt nicht das Brot, er *vermehrt* es und verwaltet darum nicht die Armut, sondern *überwindet* sie. Der bedürftige Bettler erhält einen Arbeitsplatz in der Fabrik, so dass er sich einen Mantel kaufen kann statt zu betteln.
Literaturtipp: Unternehmerinstitut der ASU e.V.: Eigentum verpflichtet. Ende des Teilens – Stunde des Mehrens, Berlin 2004.

Marx, Karl (1818–1883)
Die Ikone des modernen Sozialismus. Die Folgen seiner vom Hass gegen Privateigentum, Arbeitsteilung und Individualität verzerrten Lehre waren so entsetzlich, dass man sich fragen muss, ob es nicht besser gewesen wäre, er hätte nie geschrieben. Die von ihm entdeckten angeblichen „Entwicklungsgesetze des Kapitalismus" waren im Wesentlichen seine frommen Wünsche und seine Verklärung der kommunistischen „Horde" (der „Gattung", wie er schreibt) machte ihn zum Erzfeind der bürgerlichen Ordnung, auf der die moderne Zivilisation beruht. Wichtigste Marx-Kritiker sind Eugen Böhm-Bawerk, Max Weber, Ludwig von Mises, Karl Popper, Friedrich August von Hayek und die jahrzehntelang demonstrierte Realität des untergegangenen Sozialismus des Sowjetimperiums und anderer sozialistisch beherrschter Länder (gegenwärtig noch besonders Kuba und Nordkorea).

„Mehr Netto für alle“
Positives Motto für zukünftige Sozialreformen. Es weist darauf hin, dass es nicht darum geht, den Bürgern etwas wegzunehmen, etwa an staatlichen Unterstützungsansprüchen, sondern ihnen etwas zu geben oder wiederzugeben: nämlich die *Wiederverfügung über ihr Eigentum und Einkommen* (im Zuge der Umstellung auf Kapitaldeckung) und die Rückgabe ihrer Eigenverantwortung für ihr persönliches Leben, die ihnen einhundert Jahre Wohlfahrtsstaat beschnitten haben. Man kann sogar berechtigterweise von einer Wiederherstellung der „Menschenwürde“ in Sachen persönlicher Verantwortlichkeit für die privaten Risiken des Lebens sprechen. Parolen wie „den Gürtel enger schnallen“, „Stopfen von (von der Politik doch geschaffenen) Steuerschlupflöchern“, Einsparen, Abgeben, Verzichten, Einreißen – das ist kein Reformprogramm, mit dem man die Herzen der Menschen gewinnen kann.
Literaturtipp: Unternehmerinstitut der ASU e.V.: Mehr Netto für alle. Vom Versorgungsstaat zum Sozialstaat, Bonn 1997.

Menger, Carl (1840–1921)
Urvater der modernen österreichischen Schule der Nationalökonomie. Neben und über Adam Smith hinaus tat er Grundlegendes zum Verständnis einer spontanen Ordnung und der Preisbildung, namentlich durch seine subjektive Wertlehre und Grenznutzenanalyse, die den objektiven Wertlehren (selbst eines Adam Smith) den Todesstoß gab, zumindest theoretisch. So wurde er auch wichtiger Vertreter des methodischen Individualismus gegenüber nationalen Kollektivisten der jüngeren historischen Schule der Nationalökonomie, an der Spitze Gustav Schmoller. Carl Menger war von prägendem Einfluß auf Ludwig von Mises und Friedrich August von Hayek.
Literaturtipp: Carl Menger: Grundsätze der Volkswirtschaftslehre, 2. Aufl., Tübingen 1968; ders.: Untersuchungen über die Methode der Socialwissenschaften und der Politischen Ökonomie, Tübingen 1966

Menschenbild
Es gibt derzeit zwei konkurrierende Menschenbilder mit jeweils folgenden Merkmalen: das eine traut dem Einzelnen die Meisterung seines Lebens in Eigenverantwortung zu und lässt ihm dafür Freiheit, das andere ist voller Misstrauen in die Kräfte, Einsicht und Vernunftfähigkeit des Individuums und möchte es leiten wie ein Hirte die Herde. Das eine Menschenbild führt zu Liberalismus, Marktwirtschaft und zur Demo-

kratie mit ihrem anspruchsvollen allgemeinen gleichen Wahlrecht, das andere führt in den „platonischen Staat“, also in die Elitendiktatur oder den Wohlfahrtsdespotismus der Bürokratie. Das Deutschland der Gegenwart schwankt zwischen diesen beiden Konzeptionen. Nach den Grundsätzen, nach denen der soziale Bevormundungsstaat aufgebaut ist, dürfte es keine Demokratie geben. Wer dem Einzelnen nicht zutraut, für seine kleinen privaten Risiken selbst einzustehen, der muss sich fragen, warum er ihm auf der anderen Seite die Möglichkeit gibt, das entscheidende letzte Wort in politischen Herrschaftsfragen zu haben, indem er „frei und gleich“ wählen darf, wer ihn beherrschen soll.

Menschenwürde
Unter „Menschenwürde“ verstanden die klassischen Liberalen bis zu Ludwig Erhard und Friedrich August von Hayek: Freiheit und Unabhängigkeit von der Willkür anderer, gesichert durch Eigentumsrechte an der eigenen Arbeit und deren Ertrag und den Vorrang der Eigenbemühung. Die Sozialpolitiker definierten dies um: für die „Menschenwürde“ ist der Staat zuständig, sie besteht vor allen Dingen in einer guten Versorgung und existentiellen Problemlosigkeit, der „Freiheit von Not“. Das Bestehen von Problemen aus eigener Kraft wird als „menschenunwürdig“ angesehen. Dagegen muss es heißen: Das Leben auf Kosten anderer ist „menschenunwürdig“: keine Geschenke vom Staat! (Ausnahmen: jene, die physisch oder geistig unfähig sind, sich selbst zu helfen).

Mieterschutz
Gut gemeinter, seit Jahrzehnten in vielen Staaten üblicher staatlicher Schutz des Mieters gegen Mieterhöhungen, „Wuchermieten“ und Kündigung. Hat wie üblich bei staatlichen Schutzzwängen dieser Art einen *sozialen Bumerangeffekt*, der gegen die zu Schützenden zurückschlägt. Entfernen sich die Schutzbestimmungen zu weit von Markt und Vertragsfreiheit, werden weniger Mietwohnungen gebaut, die vorhandenen nur zögernd vermietet, die Atmosphäre zwischen Eigentümern und Mietern vergiftet. Wenn dann der Staat als Reaktion darauf selbst in einen „sozialen“ Wohnungsbau investiert, der in der Regel teurer ist als der freie, also Mietwohnungen subventioniert, wird das Absurde der Sache sichtbar. Bei freiem Mietrecht und freien Preisen brauchte man sich um ein nachfragegerechtes Angebot keine Sorgen zu machen.

Mindestlohn, gesetzlicher

Kurzsichtige Maßnahme vieler Regierungen, die eine Untergrenze für die legale Lohnhöhe festsetzen mit der Folge, dass Arbeitsplätze verlorengehen. Der unentbehrliche Niedriglohnsektor verschwindet, die Menschen müssen stattdessen von Sozialtransfers leben. In Deutschland gibt es faktische Mindestlöhne durch die Tarifverträge und Sozialtransfers bis hin zur Sozialhilfe. Einen Mindestlohn gesetzlich festzulegen heißt praktisch, Arbeitsverbote auszusprechen bzw. viele zusätzliche Arbeitslose zu schaffen, auch wenn die Betreffenden vielleicht lieber einen schlecht bezahlten Arbeitsplatz mit längeren Arbeitszeiten hätten als gar keinen. Diese Entwicklung tritt freilich nur ein, wenn der Mindestlohn über dem niedrigsten Marktlohn liegt. Aber sonst hätte er keinen Sinn. Daher wirkt jede Mindestlohngesetzgebung asozial. *Mindestlohn heißt Mindestarbeitslosigkeit.*

Minimalstaat

Ein Idealstaat mit einem recht knappen Angebot an öffentlichen Gütern: der Staat kümmert sich um die Einhaltung der moralischen Mindestnormen, den Schutz nach außen und organisiert eine Reihe technischer Dienstleistungen (z. B. Maße und Gewichte, Seuchenschutz, Rahmen für Infrastruktur usw.), die der freie Markt nicht ohne weiteres anbietet. Nicht notwendigerweise bietet der Minimalstaat auch eine Währung an, denn mit dem Währungsmonopol des Staates haben wir sehr schlechte Erfahrungen gemacht und es steht theoretisch auf recht schwachen Beinen. Ein Minimalstaat kümmert sich auch um den Schutz freier oder Umweltgüter. Der Minimalstaat ist die Voraussetzung für ein reiches gesellschaftliches Leben und staatsbürgerliche Initiativen und Sponsoring auf den Gebieten Kultur und im Sozialbereich. Er gibt der Nächstenliebe auch hinsichtlich der Mittel größtmöglichen Spielraum und vermeidet dadurch die „soziale Kälte“, die bürokratische Hilfsmaßnahmen des Staates immer mit sich bringen. Der wichtigste *deutsche* Theoretiker des Minimalstaates ist Wilhelm von Humboldt, im angelsächsischen Raum z. B. Herbert Spencer.
Literaturtipp: Wilhelm von Humboldt: Ideen zu einem Versuch, die Grenzen der Wirksamkeit des Staates zu bestimmen (div. Ausgaben).

Mises, Ludwig von (1881–1973)

Lehrer von Friedrich August von Hayek, großer liberaler Nationalökonom und wichtigster Kritiker des Sozialismus aus der „österreichischen

Schule der Nationalökonomie". Mises hat (neben Max Weber) als erster klargemacht, dass die sozialistische Planwirtschaft, da sie keine Möglichkeit zur Kalkulation hat, denn Knappheitspreise sind abgeschafft, ökonomisch-technisch *unmöglich* ist. Die Frage: wer, was, wann, wo, in welcher Menge und Qualität produzieren soll, kann ohne Kostenrechnung nicht entschieden werden. Die sozialistische Planwirtschaft wird damit zu einem organisierten Chaos, in dem Verschwendung herrscht und niemand weiß, wo die wirklichen Knappheiten und Bedürfnisse der Menschen liegen. Es ist damit bereits aus diesem Grund sinnlos, ihn anzustreben. Er ist „technisch" unmöglich, wenn man auf nachfragegerechte Versorgung Wert legt und Hungerkatastrophen vermeiden will. Von der Möglichkeit realitätsgerechter Kalkulation hängt unser aller Überleben.
Literaturtipp: Ludwig Mises: Die Gemeinwirtschaft. Untersuchungen über den Sozialismus, München 1981 <1922>; Roland Baader: Die Logik der Freiheit. Ein Ludwig Mises-Brevier, 2. Aufl., Bern 2006.

Mitbestimmung, ökonomische
In Verbindung mit Miteigentum, d. h. Mithaftung, die Basis gesellschaftlicher Unternehmensverfassung. Mitbestimmung ohne Miteigentum jedoch läuft auf eine Enteignung der Eigentümer durch „Unverantwortliche" hinaus, häufig externe Gewerkschaftsfunktionäre. Die Mitbestimmung ist ein Überbleibsel des Rätegedankens, der nach 1918 in Deutschland zwar nicht voll durchdrang, aber sich doch im so genannten Betriebsrat niederschlug. Die deutsche Form der Mitbestimmung, die bei Größtunternehmen fast paritätisch ist, ist ein wichtiger Standortnachteil. So wurde er auch nicht zum „Exportartikel", kein Land der Welt hat sie übernommen. Mitbestimmung als Miteigentum durch „Volkskapitalismus" ist indessen ein sinnvolles, auch von Ludwig Erhard und Margaret Thatcher verfolgtes Programm.

Mittelstand
Je nach Definition der mehr oder weniger große, aber *immer entscheidende* Teil der deutschen Wirtschaft, indessen durch seine Vielfalt nicht so auffällig wie die Großkonzerne und politisch häufig auch nicht so einflussreich. Gleichwohl von der Politik vielfach hofiert, die mit diversen Mittelstandsschutzprogrammen auf der Suche nach Wählerstimmen ist, so jüngstens mit der steuerlichen Absetzbarkeit von gewissen Handwerkerleistungen. Der deutsche Mittelstand ist strukturell durch eine Reihe

von staatsgeschaffenen Institutionen benachteiligt, da er im Durchschnitt personalintensiver ist als das „Großkapital". So wird er zweifellos durch das Tarifwesen auf dem Arbeitsmarkt oder durch den unentgoltenen Aufwand von „Fron"-Dienstleistungen für den Staat (von der Abführung der Steuern und der Sozialbeiträge bis hin zu statistischen Auskünften) strukturell benachteiligt, denn Großkonzerne können dies kostengünstiger leisten. Die Antwort hierauf kann jedoch nicht ein Schutzzaun sein, der ihn nur weniger wettbewerbsfähig machte, sondern die Setzung gleicher fairer Rahmenbedingungen. Es geht um die gleichen fairen Rahmenbedingungen. Sind sie gegeben, ist der Mittelstand häufig der großbetrieblichen Konkurrenz überlegen, da er flexibler und entscheidungsschneller ist. Aber Big Government hat eine enge Wahlverwandtschaft mit Big Business und die politischen Führer zeigen sich gern mit den Chefs von Weltkonzernen.

Multinationale Unternehmen
Segenspendende, wohlstandsverbreitende Unternehmen, die sich über nationale Grenzen hinweg erstrecken und wichtige Triebkraft der Globalisierung sind. Dazu gehören nicht nur die bekannten Großkonzerne, sondern auch viele mittelgroße Unternehmungen, namentlich Deutschlands. Ihre Wahlmöglichkeiten zwischen nationalen Standorten (bei Freihandel) begrenzt die Macht der Nationalstaaten indem sie als Standort einfach abgewählt werden können, wenn sie eine eigentumsfeindliche Steuer- oder eine unfreiheitliche Sozialpolitik treiben. Multinationale Unternehmen schaffen häufig Arbeitsplätze in „unterentwickelten" Ländern, deren Aufstieg sie damit einleiten, was von national orientierten protektionistischen Gewerkschaftlern, aber auch nationalen Politikern häufig ohne Verständnis gesehen wird (die auf der anderen Seite Krokodilstränen für diese Länder vergießen). Die Wirkung multinationaler Unternehmen ist ausnahmslos positiv, selbst für die ursprünglichen Stammländer, wo sie unter den Voraussetzungen internationalen Wachstums sogar zusätzliche Arbeitsplätze schaffen oder die vorhandenen sichern können.
Literaturtipp: Johann Norberg: Das kapitalistische Manifest, Frankfurt/M. 2003.

Mutterschutz
Eine Reihe von gutgemeinten staatlichen Schutzmaßnahmen zugunsten der Mutter während und nach der Schwangerschaft. Dadurch, dass Unter-

nehmen mit Kosten belegt werden (Mutterschaftsurlaub, Kündigungsschutz etc.), erhöht er die Kosten der Beschäftigung einer Frau. Dies wirkt sich als Einstellungshindernis aus, leider auch für jene Frauen, die vielleicht gar nicht Mutter werden wollen. Begünstigt werden dagegen ältere Frauen. Wegen dieser Nachteile ist – von wenigen generell verbindlichen Schutzmaßnahmen abgesehen – die individuelle Vereinbarung zwischen Frau und jeweiligem Betrieb vorzuziehen. Auf diese Weise kann bestmöglich auf die Situation sowohl der Mutter als auch des Unternehmens Rücksicht genommen werden.

N

„Nachhaltige Entwicklung“

Als Forderung trivial, insoweit natürliche Ressourcen, von denen wir auf Dauer abhängig sind, entsprechend bewirtschaftet werden müssen, wie z. B. Luft, Wasser, Pflanzen- und Tierwelt. „Es können nicht beliebig viele Würmer an einem Apfel fressen und ihn gleichzeitig erhalten.“ Die wichtigste Sicherung von „Nachhaltigkeit“ besteht in der Durchsetzung von Eigentumsrechten und Knappheitspreisen an diesen bislang häufig noch „freien Gütern“. Für entsprechende Regulierungen müssen die Staaten als Verwalter dieser „Gemeingüter“ sorgen, versagen hier jedoch vielfach. Neuerdings ist der Begriff stark inflationiert, wenn z. B. von einer „nachhaltigen Entwicklung der sozialen Sicherung“ gesprochen wird, die sich doch durch das Umlageverfahren selbst zerstört oder von „nachhaltiger Demokratisierung der Wirtschaft“, womit die Verfügung von Nichteigentümern über Eigentum gemeint ist, was den Kapitalbestand gefährden muss.

„Nachtwächterstaat“

Polemische Bezeichnung des Sozialisten Ferdinand Lassalle für den liberalen Minimalstaat, in dem der Staat vornehmlich für „Ruhe und Ordnung“ sorgt, aber im Übrigen die Regelung ihrer persönlichen Angelegenheiten den Bürgern selbst überlässt. Durch die sozialistische Agitation vor über einem Jahrhundert ist es gelungen, diesen Staatstyp in der allgemeinen Meinung tief zu diskreditieren. Wertvoller ist für vielle offenbar ein Staat, der Sauerkraut produziert. Dies gilt namentlich für Deutschland, dem klassischen „Babysitterstaat“ neben den skandinavischen Wohlfahrtsstaaten.

Nation

Gruppe von Menschen, die sich durch gemeinsame Sprache, Schicksale und Erinnerungen verbunden fühlen und in der Regel organisatorisch über einen „Staat" oder sonstige Herrschaftssysteme aufgestellt sind. Als kulturelle und politische Gegebenheit wichtigste Träger der Vielfalt und des anregenden internationalen Wettbewerbs. Sie untergliedern die Menschheit, die sich damit von einem Ameisenhaufen unterscheidet und verteilen so die Macht. Zu einem „Weltstaat" fehlen dagegen die Voraussetzungen und er ist auch wegen der dann notwendigen extremen Zentralisierung der Macht in einer Zentrale nicht wünschenswert, so wenig wie „Imperien" mit ihrer nivellierenden und verödenden Wirkung. Freilich sollten die Nationen sich neutralen Streitschlichtungsverfahren unterwerfen, um gewaltsame Konflikte auszuschalten, und im Übrigen durch Freihandel starke, die Grenzen überschreitende Solidarinteressen schaffen.

Nationaler Sozialismus

In der Praxis ist jeder Sozialismus national, da er sich ja immer nur in konkreten Nationalstaaten verwirklichen kann. Sozialisierung heißt darum immer auch *Nationalisierung der Menschen* und damit die Abschaffung individueller Freiheit. Der Nationalsozialismus war ein ins Absurde gesteigerter Nationalismus mit einem (allerdings inkonsequenten) Sozialismus in Hinsicht auf die ökonomische Ordnung. Er sozialisierte den Menschen, aber nicht die Produktionsmittel, die er nur nach großen Plänen lenkte, vor allem im Interesse von Aufrüstung und Kriegswirtschaft.

Literaturtipp: Friedrich August von Hayek: Der Weg zur Knechtschaft, Neuausgabe München 2003.

Nef, Robert (geb. 1941)

Wortmächtiger liberaler Publizist der Schweiz, aus einer alten Appenzeller Familie. Er vertritt über sein Liberales Institut in Zürich und die „Schweizer Monatshefte" einen entschiedenen Liberalismus und „Nonzentralismus" (ein von ihm geprägter Begriff) und verteidigt das Milizsystem und die Unabhängigkeit der Schweiz gegen einen europäischen Supernationalstaat mit der Hauptstadt in Brüssel.

Literaturtipp: Robert Nef: Lob des Nonzentralismus, St. Augustin 2002.

Neid

Niedriges Gefühl des sich in irgendeiner Hinsicht benachteiligt Fühlenden gegenüber dem, der erfolgreicher ist, mehr besitzt, besser aussieht usw. Dieses Gefühl kann in einer Marktwirtschaft produktiv werden, indem es dazu anreizt, durch Leistungen den Beneideten zu übertreffen. Im negativen Fall, z. B. im Sozialismus und auch im Wohlfahrtsstaat führt dieses Gefühl zu der Tendenz, den Überlegenen herunterzuziehen, etwa durch progressive Raubsteuern, Sozial- und Arbeitsrecht und offene Diskriminierung. Es gilt jedoch das Wort Abraham Lincolns: *Ihr macht die Schwachen nicht stärker, indem ihr die Starken schwächer macht.*

Literaturtipp: Robert Nef und Gerhard Schwarz (Hrsg.): Neidökonomie. Wirtschaftspolitische Aspekte eines Lasters, Zürich 2000.

Neoliberalismus

Neuerdings konfuser Kampfbegriff gegen alle Strömungen, die versuchen, den bürokratisch erstarrten Wohlfahrtsstaat der Gegenwart und den sozialnationalistischen Protektionismus zurückzudrängen. Selbst die zahme „Agenda 2010" der Schröder-Regierung fiel unter dieses Verdikt. Ursprünglich wurde dieser Ausdruck für den wiedererstarkten Liberalismus nach dem Zweiten Weltkrieg, die Wiederherstellung einigermaßen freier Ordnungen nach dem totalitären Zwischenspiel, gebraucht. In Deutschland galten u. a. Walter Eucken, Wilhelm Röpke, Ludwig Erhard, Franz Böhm, Friedrich August von Hayek als Neoliberale. Heute wird unter „neoliberal" auch reiner Ökonomismus bekämpft, der mit den Idealen des ursprünglichen deutschen Erhard-Liberalismus wenig zu tun hat. Die echten „Neoliberalen" verkennen nicht, dass es wichtige Dinge gibt, die jenseits von Angebot und Nachfrage liegen, dass der Markt nicht alles regeln, vor allem nicht sich selbst reproduzieren kann. Sie gestehen den freien Gemeinschaften daher eine bedeutende Rolle zu. Diese „Neoliberalen" trifft jedenfalls der Vorwurf des „Ökonomismus" nicht, soweit man ihn überhaupt als Vorwurf akzeptiert.

Literaturtipp: Artikel „Neoliberalismus" im Get abstract (über Internet).

Neue Soziale Frage

Nachdem es eine „Soziale Frage" im Sinne des 19. Jahrhunderts durch die Verbürgerlichung der ursprünglich eigentums- und bildungslosen Unterschichten nicht mehr gibt, werden „neue" soziale Fragen entdeckt. So nennt Walter Eucken und später etwa ein Kurt H. Biedenkopf eine „neue soziale Frage" die Macht des modernen Wohlfahrtsstaates. Nicht mehr das soziale Anliegen, sondern die Art, wie es mit Staatshilfe umgesetzt wurde, wird dann zum Problem. Heute ist in der Tat die Übermacht des Wohlfahrtsstaates über die Sozialuntertanen *die* soziale Frage. Sie kann nur dadurch gelöst werden, dass den Bürgern Eigentum und Selbstverantwortung wieder zurückgegeben und der Einfluss der „politischen Klasse“ auf das Privatleben zurückgedrängt werden.

Neuseeland

Diese Nation bietet das erfreuliche Musterbeispiel einer geglückten Sozial- und Wirtschaftsreform. Nachdem es im internationalen wirtschaftlichen Leistungsvergleich an das Ende der Liste der OECD-Länder geraten war, gelang es einer Reihe von tatkräftigen Reformern wie z. B. Roger Douglas oder Ruth Richardson nach 1985 das Ruder herumzureißen und – für demokratische Verhältnisse – unglaubliche Reformen, auch gegen viel Widerstand und gewaltige Massendemonstrationen, durchzusetzen. Zu den wichtigsten Reformen des gelungenen neuseeländischen Experimentes zählen die Aufhebung der Tarifautonomie, d. h. die Zerschlagung des Tarifkartells, eine gründliche Steuerreform nach dem Bierdeckelideal von Gunnar Uldall oder Friedrich Merz, eine Abschaffung der Subventionen in der Landwirtschaft (!) und eine umfassende Privatisierung. Neuseeland, das so weit zurückgefallen war, gehört heute zu den führenden Industrieländern der Erde mit Vollbeschäftigung und Budgetüberschüssen. Es exportiert inzwischen sogar hochwertige Weine. Das neuseeländische Beispiel kann denen Mut machen, die an der Reformfähigkeit von Wohlfahrtsdemokratien zweifeln.

Literaturtipp: Andreas Knorr: Das ordnungspolitische Modell Neuseelands – ein Vorbild für Deutschland?, Walter Eucken Institut, Tübingen 1997.

Nonzentralismus

Ein vom Schweizer Publizisten *Robert Nef* geprägter Begriff, der das Ideal des Vorrangs der kleinen politischen Einheiten beschreibt, über die keine politische Zentrale originäre Macht hat, sondern allenfalls spezielle freiwillig übertragene Kompetenzen. Dieser „Nonzentralismus“ ist mehr als „Dezentralismus“, der von einem Zentrum ausgeht, das Macht „delegiert“. Nach der Idee des Nonzentralismus sollten Bundesstaaten konzipiert sein, die sich indessen meist von diesem Ideal mehr und mehr entfernen, selbst in den USA und der Schweiz. Diesem Ideal näher kommt ein Staatenbund wie die Schweiz vor 1848, der freilich über ein geordnetes Sezessionsrecht jedes seiner Mitglieder verfügen müsste. Auch heute noch ist

die Schweiz in vielem vorbildlich: ein Kleinstaat, der sich aus Kleinststaaten (Kantonen) formiert und der darüber hinaus politisch kraftvolle Kommunen kennt, über die auch allein die Staatsbürgerschaft zu erwerben ist, und natürlich das Wunder einer ausgebauten Direktdemokratie auf allen staatlichen Ebenen!
Literaturtipp: Robert Nef: Lob des Nonzentralismus, St. Augustin 2002; Adolf Gasser: Gemeindefreiheit als Rettung Europas, 2. Aufl., Basel 1947.

O

Öffnungsklauseln
Eine wahre Zauberformel, die Freiheit und Bindung ins richtige Verhältnis setzt: die generelle Regel, wenn sie – wie z. B. im Tarifrecht – nicht passt, kann durch realitätsbezogene „Öffnungsklauseln“ angepasst werden, wenn sich die Betroffenen im Unternehmen (oder sonstwo) darüber einig sind. Öffnungsklauseln lassen sich auch im staatsrechtlichen Bereich denken: So z. B. wenn Bundesländer durch Experimentierklauseln autonome Spielräume zur Politikgestaltung erhalten oder eine europarechtliche Regelung national abgedungen werden kann. Die Öffnungsklausel ist die Idealformel zur Auflockerung erstarrter Strukturen unter Gesichtswahrung für beide Seiten. Gleichwohl oder eben deswegen sind viele sozial-konservative „Besitzstandswahrer“ gegen eine solche Klausel.

Ökosoziale Marktwirtschaft
Kautschukformel für einen Marktwirtschaft, die durch Umweltpolitik und Sozialpolitik „diszipliniert“ wird. Indessen ist der Schutz der natürlichen Ressourcen, soweit sie als „freie Güter“ keine Preise haben, selbstverständlich Sache des liberalen Staates und einer besonderen Sozialpolitik außerhalb des Schutzes für Hilflose, Erwerbsunfähige und wirklich „Bedürftige“ bedarf es nicht.

Ordnung
Koordinierung von Einzelfaktoren (z. B. des Handelns einzelner Menschen) zu einem Ganzen nach bestimmten Regeln. Ein wahres Wunderwerk ist die spontane Ordnung des Marktes, die ohne zentralen Zwang, geleitet durch Regeln der Gerechtigkeit und den Preis als Knappheitsindikator, Menschen zu einem Ausgleich kommen lässt, der ihren Interessen entspricht und darum zu einem historisch unbekannten Ausmaß von allgemeinem Wohlstand geführt hat. Die Sprache ist ein weiteres Beispiel für eine spontane, in diesem Fall kulturelle Ordnung, die frei

von einer zentralen Instanz von Generation zu Generation abgewandelt weitergegeben wird und die von niemandem je insgesamt ausgedacht wurde. Die „gemachte" oder auch Zwangsordnung funktioniert nur in übersichtlichen Systemen wie der Familie, der Firma, der Behörde. Eine zentrale Zwangskoordination für eine komplexe Gesellschaft muss scheitern (siehe auch Sozialismus). Dirigistische Teilordnungen vor dem Hintergrund einer größeren, die spontan gewachsen ist, sind z. B. die Berufsordnungen, die Agrarordnung und derlei problematische Gebilde. Auch ein Regelsystem kann als „Ordnung" betrachtet werden, z. B. die Verkehrsordnung. Friedrich August von Hayek spricht bei der spontanen Ordnung vom „Kosmos", bei der zentral gemachten von „Taxis".
Literaturtipp: Alfred Schüller und Hans-Günter Krüsselberg: Grundbegriffe zur Ordnungstheorie und politischen Ökonomik, 6. Aufl., Marburg 2004.

Ordnungspolitik
Eine in sich konsistente, stimmige Politik, die dafür sorgt, dass die Koordination der wirtschaftlichen Handlungen ohne weitere Friktionen und Hindernisse ablaufen kann, und so Angebot und Nachfrage sich zu gegenseitiger Zufriedenheit ausgleichen. Ordnungspolitik, die die Erfolgsregeln des Wirtschaftens oder die Strukturprinzipien einer Ordnung verletzt, muss scheitern, sie bringt jedenfalls unvermeidlich Wohlfahrtsverluste mit sich. Ein bestimmtes Maß an ordnungspolitischer Inkonsistenz kann eine freie Marktordnung verkraften. Irgendwann aber kommt es zur „Implosion". Wenn die Märkte nicht mehr in der Lage sind, auf Herausforderungen zu reagieren (z. B. durch einen allgemeinen Preisstop, Subventionen, Eigentumskonfiskation, produktionspolitische Eingriffe (wie etwa die Berufsordnungen), Einschränkungen der Vertragsfreiheit usw.). Da die Erfolgsregeln einer freien Ordnung führenden Politikern nicht mehr geläufig sind, sie überdies unter dem ständigen Druck von Partikularinteressen stehen, auch von Eigeninteressen geleitet sind (z. B. Pfründenbewahrung), ist es zu einer weitgehenden ordnungspolitischen Verwahrlosung Deutschlands gekommen, die den derzeitigen relativen Abstieg des Landes im Wettbewerb mit anderen Nationen erklärt.
Literaturtipp: Ludwig von Mises: Kritik des Interventionismus, Neuauflage, Darmstadt 1976 <1929>; Walter Eucken: Grundsätze der Wirtschaftspolitik, UTB Stuttgart 2004 <1952>.

Orwell, George (1903–1950)
Britischer Satiriker des Sozialismus. Nachdem die sozialistische Utopie zum ersten Mal in Russland erprobt wurde, verlor sie bei allen nachdenklichen, sogar auch bei einigen sozialistischen Intellektuellen bald an Kredit: Massenmorde, totale Vernichtung des Individuellen und ökonomische Verelendung, kombiniert mit dem Trumpf einer grausamen Bürokratie diskreditierten die Machthaber schon von Lenin an. Aus dieser Situation kam es zu Negativ- oder Anti-Utopien, die in Romanform oder als Fabel das Schreckliche der Vorgänge darstellten. Nach dem Vorgang von Samjatins „Wir“ (1922) verfasste Orwell sein „1984“, das in bitterer Art die Vernichtung des individuellen Gewissens durch eine totalitäre Bürokratie schildert und dazu seine Tierfabel „Farm der Tiere“, welche die Machtergreifung und -ausübung der Bolschewisten karikiert. Orwells Utopie war im Sowjetimperium verboten (im Unterschied zu Huxleys „Schöne Neue Welt“, die ja in Amerika spielt). Friedrich August von Hayek zeigte in seinem von Orwell gelobten „Weg zur Knechtschaft“ wie man in die Abgründe totaler Herrschaft hineinrutscht, ohne es eigentlich zu wollen.

Österreichische Schule
Die Österreichische Schule der Nationalökonomie beginnend mit Carl Menger (1840-1921) und Eugen von Böhm-Bawerk (1851-1914) liefert das beste Verständnis einer spontanen Ordnung, namentlich des Marktes. Es ist eine in sich konsequente Lehre, die dem Liberalismus erst sein vertieftes ökonomisches Fundament gibt. Über Friedrich von Wieser, Friedrich August von Hayek, Gottfried Haberler wirkte sie weiter auf Ludwig von Mises oder Friedrich August von Hayek, schließlich Israel Kirzner oder Murray Rothbard. Sie hat das konsequenteste Gegenbild zum „Sozialismus“ geliefert und ist auch dessen schärfster Kritiker. Leider ist sie unter der derzeitigen Ökonomie nur eine Nebenströmung und hat ihren stärksten Einfluß nicht im deutschsprachigen Raum, sondern in den Vereinigten Staaten.

P

Partei
Freie private Vereinigungen von Bürgern zur Durchsetzung von politischen Interessen im politischen Wettbewerbsystem einer Demokratie. Wenn den Parteien das Ideal einer „Ordnungspolitik“ – die Beachtung wirtschaftlicher Erfolgsregeln – verlorengeht, kann der Staat durch parteipolitische Sonderinteressen korrumpiert

und die spontane Ordnung des Marktes gefährdet werden. Ein spezieller Punkt der deutschen Parteien ist die *Selbstbedienung*, die sie sich angewöhnt haben: ihre Finanzierung aus Steuermitteln, die sie mit Mehrheit oder vielmehr fast einstimmig beschließen. Sie machen sich damit den „Staat zur Beute“ (Hans-Herbert von Arnim). Zudem neigen sie dazu, sich gegen Konkurrenz abzuschotten (Fünf-Prozent-Klausel, Parteienverbot). Karl Jaspers sprach einmal von einer „Parteienoligarchie“, die den Staat mediatisiert und „Vetternwirtschaft“ in staatseigenen Betrieben, aber auch in Selbstverwaltungsgremien nach Art der Rundfunkräte betreibt.

Literaturtipp: Hans-Herbert von Arnim: Staat ohne Diener, München 1995; Unternehmerinstitut der ASU e.V.: Effizienzstaat und Direktdemokratie, Berlin 2001.

Paternalismus

Väterlich-fürsorgliche Haltung eines Vaters zu seinem unmündigen Kind. In unpersönlicher Form klassische Mentalität des fürsorgenden Wohlfahrtsstaates, der seine abhängige Klientel wie unmündige Kinder, ja, mit dem Ausdruck Kants, wie „Hausvieh“ behandelt und mit einem Zustand der Hilflosigkeit und Unwissenheit hält. Konrad Lorenz sprach in diesem Zusammenhang einmal drastisch von einer „Verhausschweinung“ des Menschen.

Pflegeversicherung

Als fünfte Abteilung der seit Bismarck aufgebauten Umlagekassen von Sozialminister Norbert Blüm noch zu einem Zeitpunkt – gegen heftigen Widerstand aller Besonnenen – durchgesetzt, als sich schon abzeichnete, dass sämtliche Umlagekassen der Überlastung zustreben und man vorausberechnen konnte, wann die Pflegeversicherung ins Defizit geraten würde. Dies ist inzwischen mit wachsenden Beträgen der Fall. Die Pflegeversicherung entlastet Erben und Kommunen auf Kosten der Zwangsversicherten. Es werden so die Kosten des hinfälligen Alters teilsozialisiert, wie dies bereits für die Kindheit der Fall ist. Insoweit rundet sich das Bild des Wohlfahrtsstaates ab: „Von der Wiege bis zur Bahre.“

„Pflicht“

In der Politik ein häufig moralisierender Euphemismus für den politischen „Zwang“ wie besonders beim Steuer-, Sozialversicherungs-, Wehr-, Schul-, Melde-, Kammer- und neuerdings (zumindest für Geflügel bei der Gefahr von Vogelgrippe) Stall*zwang*. Der Ausdruck „Pflicht" gehört in die moralische Sphäre, die Entscheidungsfreiheit voraussetzt. Politisch erzwungenes Handeln – mit der Pistole auf der Brust – kann niemals von moralischem Wert sein. In den genannten Fällen will der Staat seine Zwangshandlungen, die moralisch durchaus fragwürdig sein können, mit dem Ausdruck „Pflicht" zu einem inneren Anliegen der Bürger machen. Ein Kapitel aus der verschleiernden Sprache des Wohlfahrtsstaates.

Planwirtschaft
Im Grunde ist alles Wirtschaften „planen" und eine planlose Wirtschaft von Bestand gibt es nicht. Die entscheidende Frage ist vielmehr: *Wer* plant? Dies können Einzelhaushalte und Unternehmungen oder der Staat als Gesamthaushalter und Generalunternehmer sein. Der Ausdruck wird heute meistens für Letzteres gebraucht und ist damit synonym mit dem Begriff „Sozialismus" (auch Kommandowirtschaft, Befehlswirtschaft). Die Planwirtschaft ist das utopische Unterfangen, eine moderne Zivilisation von einem Zentralbüro aus zu organisieren, nach dem Muster der früheren Deutschen Post (Lenins Beispiel!).

Platon (427–347)
Neben Aristoteles der bei weitem einflussreichste Philosoph des antiken Griechenlands. Sein Wirken war leider insoweit verhängnisvoll, als er als erster das Ideal eines von Intellektuellen beherrschten totalitären Zuchtstaates entwarf. Insoweit ein Erzgegner der „offenen Gesellschaft" und Freund aller „Totalitären". *Literaturtipp: Will Durant: Die großen Denker, Bergisch-Gladbach 1996; Karl Popper: Die offene Gesellschaft und ihre Feinde, Bd. 1: Der Zauber Platons, Studienausgabe Tübingen 2003.*

Politik
Streben nach Macht oder Machterhaltung im Staat, im letzten mit physischen Zwangsmitteln. Jeder gesellschaftliche Fortschritt besteht darin, den Bereich, der politisch geordnet wird, zurückzudrängen – bis auf jenen Minimalstaat, der sich darauf beschränkt, die Minimalregeln gesellschaftlichen Zusammenlebens (Achtung vor der Freiheit und dem Eigentum des anderen) durchzusetzen. Politik ist gut, soweit sie Freiheit ermöglicht oder sichert.

Politiker

Eine derzeit nicht besonders angesehene Menschenklasse, die sich fast nur noch mit Problemen beschäftigt, die sie selbst verursacht hat. Politiker leben heute in der Regel *von*, nicht nur *für* die Politik. Und das bedeutet häufig genug, dass sie alle langfristigen Interessen und sachlichen Notwendigkeiten dem Bestreben unterordnen, wiedergewählt zu werden, ihre politischen Pfründe zu wahren. Politiker sollten das Gemeinwohl – die Herrschaft strenger allgemeiner Regeln – durchsetzen, kompromittieren sich aber ständig dadurch, dass sie dem Druck von Interessengruppen nachgeben. Sie sind damit nicht mehr souverän Handelnde, sondern werden zum Spielball von Kollektivegoismen und hinsichtlich ihres politischen Auftrags unglaubwürdig. Dies hat zu ihrem Absturz in der öffentlichen Gunst beigetragen. Unpopuläre, aber sachbezogene Politik, wie sie z. B. Margaret Thatcher in suggestiver Sprache betrieb, kann sehr wohl unter großem Problemdruck eine *Erfolgsmaxime* sein. Es scheint derzeit in Deutschland, dass bei den gegebenen Mechanismen der Politikerauslese durchaus nicht immer die „Besten" oder auch nur die für dieses Geschäft Tüchtigen zum Zuge kommen. Ihr intellektuelles und besonders auch besonders ordnungspolitisches Niveau ist seit Jahren konstant im Sinken. Als Mittel zur Korrektur schlechter Politikerqualität und entsprechend schlechter Entscheidungen könnte eine gut ausgebaute Direktdemokratie nach Schweizer Vorbild dienen.

Literaturtipp: Gaetano Mosca: Die herrschende Klasse, Bern 1950.

„Politische Korrektheit"

Vulgäre Egalitarier suchen mehr und mehr mit politischen Zwangsmitteln, auch mit Methoden offizieller Sprachreinigung, als abwertend angesehene Bezeichnungen von Menschengruppen zu verbannen und ihre faktische Gleichstellung z. B. bei Vertragsabschlüssen zu erzwingen (siehe auch „Antidiskriminierung"). So sehr es eine moralische Aufgabe ist, beleidigende und herabwürdigende Behandlung von Menschen zu bekämpfen ist andererseits klar, dass Staatszwang hier deplaziert ist und nur zur illegitimen Einschränkung der Freiheit führt.

Populismus

Alle Politiker in unserer Wettbewerbsdemokratie wollen „populär" sein. Gelingt dies einem Politiker mehr als einem anderen, wird er sogleich als „Populist" beschimpft. Damit gehört dieser abwertende Ausdruck in das

Vokabular der Neidökonomie, obwohl er seine Berechtigung hätte, wenn damit eine nicht sachbezogene, opportunistische, auf den Moment abzielende Politik der Massenverführung gemeint ist.

Prävention
Der in Deutschland dominierenden ängstlichen Sicherheitsmentalität entsprechendes Prinzip der *Vorbeugung* und Vorsorge statt der (mehr amerikanischen) individuellen *Haftung* für eingetretene Schäden. Dies führt z. B. im Bereich der Unfallversicherung zu einem teuren Perfektionismus der Unfallverhütungsvorschriften, im Bereich der Berufsordnungen zu einer übertriebenen verbindlichen Qualitätssicherung von oben, im Bereich des Verbraucherschutzes zur Verbraucherbevormundung (z. B. gesetzlich festgelegte Mindestgewährleistungsfristen, Widerrufsrecht bei Haustürgeschäften, politischer Kampf gegen Genussmittel, wie z. B. Tabak oder Alkohol). Zu einer freien Gesellschaft gehört die Dominanz des *Haftungs*gedankens. Die furchtsame Prävention, die dem Einzelnen keinerlei Gefährdung zumutet, bringt den ihn um wichtige Erfahrungen und Kenntnisse, damit um seine Lebensumsicht und behindert den ökonomischen Fortschritt.

„Primat der Politik“
Vertretbar ist die Behauptung vom „Primat der Politik“ in dem Sinn, dass der Staat die Rahmenregeln für die Märkte und die Zivilgesellschaft vorgeben muss. Problematisch wird es erst, wenn damit ausgedrückt sein soll, dass es der Politik zugestanden wird, sich beliebig über Märkte hinwegzusetzen, sie zu regulieren, einzuschränken und durch Zölle und ähnliche Handelshemmnisse vom großen Weltmarkt abzusondern. Schließlich verleitet diese Formel dazu, zu meinen, die Politik müsse mehr tun, als den Individuen zu dienen und deren Privatleben zu garantieren.

Privatisierung
Der erfreuliche Gegenbegriff zur Sozialisierung – die Rückgabe einer politisch sozialisierten Verantwortung oder eines Eigentums an den Markt und an Privatleute. Nach dem großen Sozialisierungsirrtum des späten 19. und der ersten zwei Drittel des 20. Jahrhunderts (mit dem späten Ausläufer der französischen Sozialisierung unter Mitterrand) wurde Privatisierung das Signum der letzten Jahrzehnte des 20. und, hoffentlich, auch des 21. Jahrhunderts. „Privatisierung“ ist das Kernanliegen einer vom Wohlfahrtsstaat bedrohten Gesellschaft und erstreckt sich auch auf die

Reprivatisierung des persönlichen Lebensrisikos, der Vorsorge gegen Einkommensverluste bei Krankheit, Unfall usw. Hier vor allem wirkt derzeit noch der Sozialismus weiter. Die derzeitige Privatisierungsbewegung, die den ganzen Globus umfasst, wird von Sozialnationalisten wie „Attac" oder unserer neu formierten radikalen „Linken" bekämpft. Als neuestes Sozialisierungsprojekt droht Deutschland eine so genannte „Bürgerversicherung" im Gesundheitswesen – dies nach all den furchtbaren Erfahrungen, die wir im vergangenen Jahrhundert mit „Sozialisierung" gesammelt haben und angesichts der manifesten Krise dieses Gedankens in der Sozialversicherung.

Literaturtipp: Unternehmerinstitut der ASU e.V.: Der Weg aus der staatlichen Schuldenfalle. Konzepte und Beispiele für eine umfassende Privatisierung, Berlin, 2003.

Progressivsteuer

Ungesunde Hauptfinanzierungsart der Wohlfahrtsstaaten mit der Absicht, die Einkommens- und Vermögensverteilung grundsätzlich zu ändern. Im Progressivsystem liegt keinerlei Begrenzung, sondern sie ist das Prinzip der Willkür selbst. Je erfolgreicher jemand ist, desto mehr ist die Regierung nach diesem Prinzip berechtigt, seinen Erfolg durch Beschlagnahmung von Einkommensteilen zu mindern. Je mehr jemand dagegen von Misserfolgen geplagt ist, umso mehr darf er auf öffentliche Unterstützung rechnen. Die gleichen Staatsleistungen werden auf diese Art von den Bürgern je nach ihrer Einkommenssituation unterschiedlich bezahlt. Dies ist so, als wenn ein Händler seine Preise nach dem Einkommen seiner Kunden staffeln würde. Eine Progressionssteuer wird bereits im Kommunistischen Manifest (1847) gefordert. Die Progressivsteuer, die theoretisch und moralisch auf wackeligen Beinen steht, wurde ein wichtiges Mittel des Wohlfahrtsstaates, die Gesellschaft in kleinen Schritten zu sozialisieren. Nach bescheidenen Anfängen (Miquelsche Steuerreform ein bis drei Prozent) stieg sie in einigen Ländern auf über 90 Prozent (Grenzsteuersatz) an, bei steilem Tarifverlauf. Durch die von den Regierungen schamlos ausgenutzte Inflation gerieten auch die Mittelschichten immer mehr in die Progressionszone. Es ist schon ein Glück, wenn den Bürgern in großen Abständen durch eine „Steuerreform" gelegentlich etwas wieder von dem zurückgegeben wird, was Progressiv- und Inflationssteuer ihnen genommen haben. Vertretbar und sinnvoll ist dagegen eine Degressivsteuer, die den Erfolg belohnt und jetzt in einigen Schweizer Kantonen (Obwalden, Schaffhausen) ausprobiert wird.

Proletarisierung
Der Wohlfahrtsstaat mit seinem Zentralziel der Bekämpfung der Selbständigkeit und Eigeninitiative führt zu einer „Proletarisierung“: an die Stelle von Eigentum und Freiheit sowie Eigenvorsorge und Selbstverantwortlichkeit tritt die Staatsversorgung. So war es schon bei der „Proles“ in Rom. Der Prozess der Proletarisierung begann, als die Arbeiterversicherung, eine Notkrücke für unwissende und arme Proletarier im 19. Jahrhundert, immer weitere Schichten der Bevölkerung umfasste – heute umschließt sie beinahe alle Staatsbürger. Eigenvorsorge ist inzwischen fast zu einem Privileg geworden. Dieser Prozess der „Proletarisierung“, der Abhängigmachung vom Staat, könnte auch als Entbürgerlichung beschrieben werden. Dem geht eine *Dezivilisierung* parallel, wie am Erscheinungsbild unserer Bevölkerung, dem verbreiteten Vandalismus (etwa Graffiti-Schmierereien) und sonstigen Verwahrlosungsphänomenen (z. B. zunehmende Bettelei) zu beobachten ist.

Protektionismus
Leider nur allzu erfolgreiches Bestreben bestimmter gut organisierter Unternehmensgruppen, verschiedener Verbände und der Staatswirtschaft selbst, sich über politischen Zwang gegen ausländische Konkurrenz zu sichern. Dies wird regelmäßig von allen Bürgern teuer bezahlt, so etwa, wenn sich die europäischen Landwirte, namentlich Deutschlands und Frankreichs, seit über einhundert Jahren gegen internationale Konkurrenz schützen lassen und so das „tägliche Brot“ künstlich, auf Kosten des sonst vielbeschworenen „kleinen Mannes“ verteuert wird. Es gibt versteckte Formen des Protektionismus wie „freiwillige Selbstbeschränkungsabkommen“ (die alles weniger als freiwillig sind: so bei Automobilen, Textilien usw.). Protektionismus heißt immer, dass die Regierungen sich pflichtwidrig für Sonderinteressen einspannen lassen, auf der anderen Seite in dem Ausmaß dieser Begünstigung Verbraucher ausgebeutet werden. Mit „nationalen“ Gesamtinteressen hat Protektionismus nichts zu tun. Viel von sich reden macht gegenwärtig der von der Linken, z. B. Attac, geforderte *Sozialprotektionismus*, d. h. der Wunsch, sich gegen internationale Konkurrenz im Bereich der Sozialstandards oder auch der Besteuerung zu schützen, zu Recht auch „Sozialnationalismus“ genannt.

R

Radnitzky, Gerard

Radnitzky, Gerard (1921–2006), wortmächtiger Wissenschaftstheoretiker und rechtslibertärer Philosoph aus Trier, Freund Karl Poppers und Friedrich August von Hayeks. Er hat durch seine zahlreichen Essays, Rezensionen und Vorträge viel für die Verbreitung des Freiheitsideals in Deutschland getan. Bemerkenswert sind seine jüngst erschienenen Erinnerungen.

Literaturtipp: Gerard Radnitzky: Das verdammte 20. Jahrhundert, Olms, 2006.

Raubtierkapitalismus

Diffamierende Formel für das Wettbewerbsgeschehen in einer Marktwirtschaft, in der angeblich die „großen Fische die kleinen fressen" und namentlich die Großkonzerne mittelständische Strukturen vernichten, bis einige wenige Oligopole den Markt beherrschen. Indessen dominieren in einer modernen Wirtschaft anhaltend die kleinen und mittleren Unternehmen, die Größtunternehmen sind die Ausnahmen und ihre Bedeutung geht eher zurück. Auch geht es hier nicht um physisch gewaltsame Vorgänge, wie das angebliche „Gesetz der Fische" suggeriert, sondern um ständige Neubildungen leistungsfähiger Einheiten nach dem Urteil des Souveräns der Marktwirtschaft: der Konsumenten. Dagegen zeigt der Sozialismus eine wahre „Raubtiernatur", indem er mit Gewalt und häufig unter Vertreibung und Ausrottung private Existenzen in jeder Form zerschmettert und nur ein einziges „Raubtier", den zentralen Staat, übrig lässt.

Reagans Amerika

Der amerikanische Präsident Reagan (1981–1989 Präsident) gab durch seinen unbeirrbaren Glauben an das ursprüngliche amerikanische Credo (Eigentum, Selbstverantwortung, Familie) und seinem ungewöhnlichen persönlichen Charme der amerikanischen Nation das durch den fehlgeschlagenen Vietnamkrieg und Wirtschaftskrise erschütterte Selbstbewusstsein zurück. Durch eine für unmöglich gehaltene Steuerreform nach dem Muster der „flat tax", also einer Proportionalsteuer, umfassende Deregulierung und Privatisierung, die Zurückdrängung der Sozialausgaben sowie auch durch Stärkung der Einzelstaaten und eine erfolgreiche monetäre Stabilitätsorientierung gab er den Vereinigten Staaten einen Auftrieb, der, freilich zunehmend von einer gewaltigen Staatsverschuldung überschattet, bis heute anhält. Dennoch gelang nicht die Sen-

kung der Staatsquote auch nur etwa auf ein Ausmaß, wie es vor dem Zweiten Weltkrieg bestand. Die Grundsätze seiner Reformpolitik („Reagonomics“) könnten heute dazu dienen, die maroden Wohlfahrtsstaaten Westeuropas zu reformieren, besonders auch, weil sie von einem positiven Credo, nicht nur von fiskalischen Kürzungsinteressen ausgehen.
Literaturtipp: Ronald Reagan: Erinnerungen. Ein amerikanisches Leben, Berlin 1991.

Real existiert habender Sozialismus
Der marxistische Sozialismus, der nach 1917 mit Gewalt in Russland ans Ruder kam und sich dort mit Terror einige Jahrzehnte hielt, war ein teuer bezahltes Experiment über die moralische, soziale und ökonomische „Unmöglichkeit“ dieses Systems. Es konnte sich überhaupt nur so relativ lange halten, weil westliche Hilfe, Weltmarkt und Technologiediebstahl künstlich seine Existenz verlängerten. Die Demotivierung der Bürger, die Flucht der Eliten, die Aufzehrung des Kapitalstocks, das organisierte tägliche Chaos – all dies ist dem Sozialismus eigentümlich. Wer noch heute für dieses System eintritt, gibt sich moralisch als verantwortungslos und sachlich als Ignorant zu erkennen, da er offenbar aus Erfahrungen nicht zu lernen imstande ist.
Literaturtipp: Horst Feldmann: Kulturelle Evolution und der Zusammenbruch des Sozialismus, in: Liszt-Forum für Wirtschafts- und Finanzpolitik 23 (1997), S. 82 ff.

„Rechts“
Kaum noch brauchbarer Begriff zur Bezeichnung politischer Positionen. Ursprünglich (im 19. Jahrhundert) im Sinne der „Ordnungsparteien“ gemeint, die das Bestehende verteidigen, also so viel wie *strukturkonservativ.* Dagegen sind heute Parteien, die den Wohlfahrtssozialismus verteidigen – die traditionelle „Linke“ – eigentlich „rechts“, und „links“ stehen, wie schon im 19. Jahrhundert, die Liberalen, die diesen Status überwinden wollen. Überhaupt wird jede Partei, die einen politischen Besitzstand verteidigt, „strukturkonservativ“. In diesem Sinne sind heute „rechts“ die in Kuba oder Nordkorea noch herrschenden Kommunisten. Nennt man liberale Parteien „rechts“, so sind es die Parteien von Eigentum, Freiheit und Rechtsstaat. Die *nationale* Ausgangsbasis versteht sich immer von selbst, weil es einen Weltstaat nicht gibt. Besser ist die Einteilung der politischen Positionen in freiheitlich und kollektivistisch, oder liberal und sozialistisch. Die „Etikettierung“ als „rechts“ gilt in Deutsch-

land häufig als verdächtig, ja als so viel wie „rechtsradikal“ im Sinne der Nationalsozialisten, während „links“ trotz der Untaten der kommunistischen Regime immer noch irgendwie achtbar scheint.
Literaturtipp: Robert Nef: Politische Grundbegriffe, Zürich 2002; Dirk Maxeiner und Michael Miersch: Ist die Linke noch links? Positionspapier des Liberalen Instituts der Friedrich Naumann Stiftung, Potsdam 2005.

„Rentenformel“
Im Unterschied zur klaren Kalkulation einer Privatversicherungsrente handelt es sich hier um eine Formel zur Berechnung der „gesetzlichen“ Rente, die vielfach von schwankenden politischen Faktoren abhängt (demographische Entwicklung, Entwicklung der Gehaltssumme). Insbesondere die seit 1957 eingeführte „Dynamisierung“ sorgte für einen Berechnungsfaktor, der von früheren Zahlungen unabhängig ist und sich an der Entwicklung des allgemeinen Lebensstandards orientiert. Die Umstellung von der Brutto- auf die Nettolohnanpassung (1992) zeigte den Manipulationsspielraum der Politik, ebenso die Anerkennung oder Nichtanerkennung von Zeiten, in denen nichts eingezahlt worden ist (z. B. der Ausbildung, oder der Kindererziehung). Schließlich zerstört die zunehmende Steuerfinanzierung (Bundeszuschuss 2004: 75 Mrd. Euro, bald ein Drittel!) endgültig den Charakter einer „Versicherung“. Es geht hier vielmehr um eine allgemeine Volksversorgung im Alter, wie sie, auch in der Höhe, außerhalb der untergegangenen sozialistischen Systeme weltgeschichtlich einmalig ist (in Deutschland bestehen 85 Prozent des Alterseinkommens aus Staatsrente). In der heraufziehenden demographischen Krise wird dieses System zur Falle.

Revolution
Gewaltsamer Umsturz, der nicht nur das Personengefüge an der Spitze eines Staates gewaltsam auswechselt, sondern die soziale und wirtschaftliche Gesamtstruktur zur Disposition der Revolutionäre stellt: eine Tragödie für jede von ihr heimgesuchte Gesellschaft. Solchen Gewaltausbrüchen, die vielen Menschen, manchmal Millionen, das Leben kosten, ist durch rechtzeitige, kluge Reformen vorzubeugen bzw. sie müssen energisch bekämpt werden. Die berüchtigsten Revolutionen sind die von 1917 in Russland und die von 1933 in Deutschland.
Literaturtipp: Pitirim Sorokin: Die Soziologie der Revolution, München 1928.

Robin Hood
Leitfigur unserer Sozialpolitiker, die unter einer Art „Robin-Hood-Komplex“ leiden. Robin Hood ist einer der populärsten Banditen Englands aus dem 14./15. Jahrhundert. Im berühmten Sherwood Forest bei Nottingham raubte er weltliche und geistliche Herren aus, um die Beute unter die Armen, soweit sie seine Freunde waren, zu verteilen und seine Gefolgschaft zu versorgen. Dieses Geschäft besorgen heute die „Sozialkleptokraten“ des Wohlfahrtsstaaten mit dem besten Gewissen der Welt, gestützt auf eine Legalität, die allerdings mit der Moralität auf schlechtem Fuß steht.

Römisches Reich
Berühmtestes Beispiel für den Aufstieg und den Fall eines Imperiums (753–476). Dieses Reich scheiterte an dem fiskalischen Terror einer Bürokratie, der die ökonomische und finanzielle Basis im Abwehrkampf mit den Barbaren entscheidend schwächte. Hinzu kamen innere Kämpfe von rivalisierenden Armeen und ihrer Chefs. Es setzte schon im dritten Jahrhundert eine allgemeine Desertion der Bürger ein (Stadtflucht, ja Zivilisationsflucht schlechthin, Aufstieg von Erlösungsreligionen, demographische Verweigerung). Die Hauptstadt Rom sank von eineinhalb Millionen Einwohnern (2. Jahrhundert) auf bis nur noch 15.000 im 7. Jahrhundert. Bis zum Wiederaufstieg der Städte einige Jahrhunderte später verabschiedeten sich Kunst und Wissenschaft aus Europa. Analphabetische Barbarenstämme aus Deutschland regierten das ehemalige Reich im Westen. Über den Untergang hinweg sicherte die römisch-katholische Kirche – eine Fortsetzung des Römischen Imperiums mit umgekehrten Wertvorzeichen – eine gewisse Kontinuität und Neuintegration.
Der Niedergang des Oströmischen Reiches zog sich noch einige Jahrhunderte hin. Max Weber, Eduard Gibbon, Michael Grant, Alexander Demandt haben die Auflösung dieses Reiches eindrucksvoll geschildert, auch Ferdinand Gregorovius, was die Schicksale der Stadt Rom im Untergang betrifft.
Literaturtipp: Gerd Habermann: Der Untergang des Römischen Reiches: Ein historisches Lehrstück zum Thema Freiheit und Bürokratie, in: Roland Baader (Hrsg.), Die Enkel des Perikles. Liberale Positionen zu Sozialstaat und Gesellschaft, Resch-Reihe, Gräfelfing 1995, S. 217–228.

Rothbard, Murray N. (1926–1995)
Rothbard ist der wortgewaltigste Vertreter des amerikanischen Anarchokapitalismus oder „Hundert-Prozent-Kapitalismus“, exaltierter Schüler

von Ludwig von Mises mit einem Lehrstuhl an der Staatsuniversität in Las Vegas. Rothbard hat dem modernen Anarchokapitalismus sein breites ökonomisches Fundament gegeben, dies im Anschluss an die „Österreichische Schule“. Der Staat als „Gangster“, „Räuber“ und „Kidnapper“ (Schulzwang) soll durch privates Unternehmertum und Freiheit ersetzt werden. Obwohl Rothbards Positionen in dogmatischen Absurditäten enden, ist er doch als faszinierender und umfassend gebildeter Individualanarchist, auch durch seine vorzügliche ökonomische Ausbildung, außerordentlich anregend. Sein wichtigster Schüler ist der Deutsche Hans-Hermann Hoppe (siehe sein: *Demokratie. Der Gott, der keiner ist, Leipzig 2003*).
Literaturtipp: Murray N. Rothbard: Ethik der Freiheit, St. Augustin 1999.

„Ruinöse Konkurrenz“
Jede Konkurrenz kann für unterlegene Wettbewerber „ruinös“ sein. In Branchen mit starkem Wettbewerb ist man daran gewöhnt und der Ausdruck kommt dort nicht vor. Dagegen wird er dort gebraucht, wo Berufsgruppen mit gewissen politischen Bestandsgarantien an „richtigen“ Wettbewerb nicht gewöhnt sind und seine Einführung in der Tat für eine ziemliche „Bereinigung“ unter den anbietenden Firmen sorgen würde. Es ist nicht unmoralisch, das Ausscheiden von Mitbewerbern auch durch Preisunterbietung unter den Selbstkosten, also durch „Preisschleuderei“ zu betreiben. Dies gehört vielmehr zu den „Kriegslisten“. Schließlich bezahlt der Angreifer dieses Manöver selbst. Angreifbar und in seinen Folgen tatsächlich „ruinös“ wird freilich eine Konkurrenz, bei der einige Konkurrenten subventioniert werden, also Staatsmittel oder sonstigen Staatsschutz in Anspruch nehmen können, so etwa bedrohte Großunternehmen, während deren kleine oder mittlere Wettbewerber weiter unter Marktbedingungen arbeiten müssen.

S

Sachleistungsprinzip
Antiquierte Abgabe von Gütern und Dienstleistungen an Endverbraucher ohne Rechnungsstellung. So etwas kann sich nur ein Staat erlauben, der sich die Mittel zur Finanzierung anderswo mit Zwang beschaffen kann. Das Sachleistungsprinzip entspricht dem uralten Prinzip des Sozialismus: jedem nach seinen Bedürfnissen, ohne Rechnung. Das „Sachleistungsprinzip“ regiert ursprünglich vor allem in der Familie und in echten Gemeinschaften, wo etwa am familiären Mittagstisch jeder unabhängig von seinem Beitrag

zum Familiensozialprodukt selbstverständlich und ganz legitimerweise natural versorgt wird. Heute herrscht es besonders im Gesundheitswesen und im Bildungsbereich. Die Folgen sind immer dieselben: von einem Gut, das umsonst abgegeben wird, wird mehr verlangt als wenn man für seine Kosten, zumindest teilweise, selbst aufzukommen hat. Damit ist der wirtschaftlichste Verbrauch ausgeschaltet und es kommt zur Verschwendung knapper Resourcen, die wiederum zur Rationierung führt.

Schattenwirtschaft
Der Bereich der Wirtschaft, der sich umso mehr ausdehnt, je mehr der Staat durch ungerechte Sozialisierung von Einkommensteilen (gegenwärtig selbst für den normalen Erwerbstätigen zwischen 50 und 60 Prozent) zugreift. Je höher die Abgaben, desto mehr wandert die Arbeit in den „illegalen" Schwarzmarkt ab, bei bestem Gewissen derjenigen, die dies tun. Sie fühlen sich eben gegenüber einem räuberischen Staat im Notstand. Die Politik versucht die „Schattenwirtschaft" mit polizeilichen Kontrollen und Geldbußen in den Griff zu bekommen, während doch mehr Respekt vor dem Eigentum der Bürger die einzig wirksame Gegenmaßnahme wäre. Je höher die Staatsquote, desto größer die Schattenwirtschaft. Darum ist sie in der Schweiz, in Japan und in den USA auch relativ gering. Die Ausdehnung der Schattenwirtschaft beweist, dass Arbeit genug da ist, nur nicht zu jedem Preis und unter allen Umständen. Die Schattenwirtschaft boomt und sorgt damit für ein Ventil für Unzufriedenheit, die sich sonst vielleicht in politischen Aufständen Luft machen würde. Die Schattenwirtschaft unter den Bedingungen des Wohlfahrtsstaates wird zum wichtigen, wenn auch vom Staat bekämpften Teil der Wohlstandsschaffung.

Scheinselbständigkeit
Kampfbegriff der Politik gegen jene, die sich durch vorsichtigen Einstieg in die Selbständigkeit dem Sozialfiskus entziehen möchten. Es beginnt die „große" Selbständigkeit mit eigenen Arbeitnehmern und vielen Kunden und Auftraggebern eben häufig mit der „kleinen". Statt dieses zarte Pflänzchen zu ermutigen, sucht die Politik diese „Scheinselbständigkeit" im Interesse des Sozialfiskus mehr oder weniger niederzumachen. Der Wohlfahrtsstaat existiert eben dadurch, dass die Bürger möglichst „abhängig" von seinen Leistungen sind. Würden mehr Bürger selbständig denken und handeln, hätten wir ihn nicht. Dies fürchten jene, die von der sozialen Beherrschung anderer Menschen leben und damit – wie viele

Politiker – ihr Geschäft machen. Besser zu 50 Prozent selbständig als zu 100 Prozent abhängig!

„Schöne Neue Welt“

Berühmter utopischer Zukunftsroman von Aldous Huxley (1894–1963), dem sich unser Wohlfahrtsstaat mit seiner „Rundum-Sorglos-Philosophie“ und seiner Feindschaft gegen unabhängige Gemeinschaften und individuelle Lebensrisiken zunehmend annähert. Der Wohlfahrtsstaat erzeugt einen Menschentypus, der, wie in Huxleys Zukunftsbild, Problemen aus eigenen Kräften kaum mehr gewachsen ist, weder ökonomisch noch psychisch, und daher, sobald sie auftreten, sein Heil in Narkotika und sonstigen Beruhigungsmitteln sucht. Noch ist freilich jene Universaldroge („Soma“) nicht erfunden, die in Huxleys Roman eine so zentrale, kalmierende Rolle spielt.

Literaturtipp: Aldous Huxley: 30 Jahre danach oder Wiedersehen mit der Schönen Neuen Welt, München 1960.

Schwarz, Gerhard (geb. 1951)

Führender freiheitlicher Publizist der Schweiz. 1981 Eintritt bei der Neuen Zürcher Zeitung, seit 1994 Ressortleiter Wirtschaft. Herausgeber zahlreicher dezidiert liberaler Bücher (z. B. zur „Neidökonomie“). Autor vieler Essays und Leitartikel. Mitgründer und Vorsitzender der deutschen Friedrich August von Hayek-Gesellschaft.

Literaturtip: Gerhard Schwarz: Die soziale Kälte des Liberalismus – Versuch einer Klärung, St. Augustin 1992.

„Schwarzbuch des Kommunismus“

Was ein verworrenes, neid- und hassgeprägtes Verständnis von „sozialer Gerechtigkeit“ anrichten kann, zeigt die Bilanz der Untaten des Kommunismus im 20. Jahrhundert. Nach dem u. a. von Stephane Courtois verfassten „Schwarzbuch Kommunismus“ (München 1996), gingen 80 bis 100 Millionen Menschen durch Massenmord und indirekte Tötung über Hungerkatastrophen zugrunde. Hätten sie dazu mehr Zeit gehabt, wären die „nationalen Sozialisten“ gewiss auch auf ähnliche Werte gekommen (sie verbuchen etwa 25 Millionen). Es sind eben Kinder derselben Familie: des „Totalitarismus“. Ob es nun „Rassen“ oder „Klassen“ sind, gegen die man sich richtet, ist dagegen von sekundärer Wichtigkeit. Beim marxistischen Kommunismus handelt es sich um einen verkommenen Darwinismus, der sich der sozialen Frage zuwendet.

Schwarzmarkt (siehe Schattenwirtschaft)

Schweiz
Das sozialpolitisch zu seinem Vorteil immer noch „rückständigste" Industrieland Europas. Dort wurde z. B. erst nach dem Zweiten Weltkrieg die staatliche Rentenversicherung und erst 20 Jahre später eine zentrale Arbeitslosenversicherung eingeführt. Obwohl auch dort der Wohlfahrtsstaat nach und nach einzieht, ist die Schweiz doch immer noch ein Muster an bürgerlicher Vorsorgementalität, Nonzentralisation und politischer Erzogenheit der Bürger (durch die Möglichkeiten der *Direktdemokratie*). Nur in der Schweiz kann sich ein Bürger noch im vollen Sinn als solcher fühlen, denn er wählt sogar seine Beamten und bestimmt (kantonal, kommunal) mit über die öffentliche Kreditaufnahme. Der durchschnittliche Schweizer Bürger ist politisch besser informiert als der durchschnittliche deutsche Bundestagsabgeordnete, der in 90 von 100 Fällen die Vorlage gar nicht mehr übersieht, über die er abstimmt. Die Unabhängigkeit, Neutralität und Solidität der Schweiz machte sie zu einem idealen Refugium für politisch oder ökonomisch bedrohte Menschen. *Europa braucht eine unabhängige Schweiz!*
Literaturtipp: Walter Hirt, Robert Nef und Richard C. Ritter (Hrsg.): Eigenständig. Die Schweiz – ein Sonderfall, Zürich 2002.

Selbständigkeit
Der vom Wohlfahrtsstaat zutiefst gehasste oberste Wert einer freien Gesellschaft. Auf sich selbst angewiesen zu sein bedeutet insbesondere ökonomisch und sozial unabhängig zu sein und somit auch nicht dem Kommando und sich täglich ändernden Anweisungen einer Bürokratie oder den demagogischen Launen der Berufspolitiker ausgeliefert zu sein. Der politische Kampf der letzten einhundert Jahre lässt sich als ein Kampf gegen die soziale und wirtschaftliche Selbständigkeit der Bürger verstehen. Nur noch die kleine Gruppe der ökonomisch voll Selbständigen sind in Deutschland frei vom Sozialversicherungszwang. Indessen liegen die Programme schon bereit, auch sie um dieses wichtige Merkmal ihrer Selbständigkeit zu bringen („Bürgerversicherung"). Da mit dem Verlust an Selbständigkeit auch ein Verlust an Energie und Motivation einhergeht, ist die Wiederherstellung von Selbständigkeit (Eigentum und Freiheit) der Kern jeder nachhaltigen Sozialreform.

„Selbstausbeutung“
Eine missvergnügte Abwertung von Idealismus und persönlichen Einsatz auch ohne präzise monetäre Bilanzierung. Gern von den Gewerkschaften und lieblosen Menschen gebraucht, die immer auf einen genau bezifferbaren Gegenwert für ihre Leistungen pochen und grundsätzlich nichts „umsonst“ machen.

Selbstbeteiligung
Die „Selbstbeteiligung“ ist eine Form privater Kostenbeteiligung im öffentlichen Sozialbereich. Sie kann das so verschwenderische Null- oder Sozialtarifsystem korrigieren. In Gestalt einer fühlbaren Selbstbeteiligung von den Arztkosten bis hin zum Krankenhausaufenthalt lässt sich so die Gesellschaft in diesem Teilbereich „reprivatisieren“. Mehr „Selbstbeteiligung“ sollte es überdies im politischen Prozess geben: indem die Bürger mehr Möglichkeit haben, durch Volksinitiative, Referendum und Volksentscheid in Einzelfragen auf den Gang der Dinge einzuwirken. Dies würde der allgemeinen Politikverdrossenheit entgegenwirken. Persönlicher Einsatz wäre gefragt und er zeigte Wirkung!

Selbsthilfe
„*Wenn du eine hilfreiche Hand brauchst, so suche sie am Ende deines rechten Armes*“, soll Abraham Lincoln gesagt haben. Selbsthilfe entspricht dem Grundsatz der Menschenwürde. Nur wer sich selbst unter keinen Umständen helfen kann, dem sollten die anderen beistehen. Nach dem Subsidiaritätsprinzip sind dies zunächst Familie, Freunde, Nachbarschaft, freie Vereine. Der Staat sollte nur im Notfall angerufen werden. Denn Fremdhilfe heißt nun einmal: *auf Kosten der Mitmenschen.* Früher gab es auch einmal im politischen Bereich „Selbsthilfe“. Ein Überrest hiervon ist das „gun-right“ in den USA und das liberale Waffenrecht in der Schweiz. Gut aufgestellt und überlebensfähig ist nur eine Gesellschaft, die *vom Geist der Selbsthilfe durchdrungen ist.*

„Selbstverwaltung“
Delegation von politischer Verantwortung ist umso besser, je weiter sie geht. Die so genannte soziale Selbstverwaltung dagegen mit Wahlen in der Sozialversicherung ist eine Farce, da alle großen Entscheidungen in Parlament und Bürokratie getroffen werden. Indessen ist die soziale Selbstverwaltung eine willkommene Krippe und Versorgungsstelle für die großen Sozialverbände, namentlich die Gewerkschaften. Solange „Selbst-

verwaltung“ nur Auftragsverwaltung durch schlecht oder gar nicht bezahlte Ehrenämter ist, ist sie lediglich ein Mittel der Entlastung des Fiskus. Interessant ist eigentlich nur „echte Selbstregierung“, d. h. die freie Verfügung über eigene Budgets und der Besitz echter Entscheidungskompetenz. In Deutschland haben indessen die angeblich „selbstverwalteten“ Kommunen nicht einmal das Recht, eigene Abgaben zu erheben, von der Gewerbesteuer und einigen Bagatellsteuern abgesehen. Die Steuerhoheit ist jedoch das wichtigste Merkmal echter Selbstverwaltungs- oder Selbst*regierungs*kompetenz. In diesem Sinne ist eine Verstärkung der Selbstverwaltung zu wünschen. „Wirtschaftliche“ Selbstverwaltung – an sich nützlich – ist nur zu akzeptieren, wenn sie nicht mit Beitrittszwängen wie in den Wirtschafts- und Handelskammern verbunden ist, sondern auf freier Nutzerfinanzierung beruht. Hoheitliche Funktionen könnten an solche dann privaten Vereine dann auf dem Wege der „Beleihung“ übertragen werden.
Literaturtipp: Adolf Gasser: Gemeindefreiheit als Rettung Europas, 2. Aufl., Basel 1947.

Selbstverwirklichung
Selbstverwirklichung sollte das oberste Ziel jedes Individuums sein: Was kann es Wichtigeres geben als seinen Daseinsauftrag zu realisieren? Die Frage ist nur, worin diese „Verwirklichung“ besteht. Nur zu häufig ist sie in den letzten Jahrzehnten in krassem Egoismus und in ein anspruchsvolles Leben auf Kosten anderer hinausgelaufen. Die Gemeinschaften haben darum viel von ihrer Bindungskraft verloren. Selbstverwirklichung kann und sollte genauso in einer idealistischen Hingabe an sachliche und menschliche, überpersönliche Zwecke bestehen, also im „Altruismus“ in diesem Sinn. Es ist auch keinesfalls im wohlverstandenen „egoistischen“ Interesse nur an die Maximierung seiner Lustbilanz zu denken und das Funktionieren des sozialen Gesamtensembles, aus dem man doch hervorgegangen und in dem man eingebettet ist, zu vergessen. Diese Haltung schlägt leicht gegen die „Egoisten“ zurück. Ein Denken dieser Art wird berechtigterweise durch den „Kommunitarismus“ bekämpft.
Literaturtipp: Günter und Peer Ederer: Das Erbe der Egoisten, 2. Aufl., München 1995.

„Solidarischer Wettbewerb“
Begriffliche Spottgeburt aus dem „Gesundheitswesen“. Es soll zwar Wettbewerb zwischen den gesetzlichen Krankenkassen (Orts-, Betriebs-, In-

nungs-, Ersatzkassen) geben, aber die in diesem Wettbewerb erzielten Gewinne werden durch einen „Risikostrukturausgleich“ wieder so aufgeteilt, dass die Anreizwirkung fast dahin ist. Da außerdem den Kassen neue Wettbewerbsparameter, z. B. alternative Leistungsangebote oder Wahltarife, nicht ermöglicht wurden, ist der Leistungswettbewerb eine Farce geblieben. Dieser „solidarische Wettbewerb“ gehört zu den Halbheiten, die immer wieder eine definitive Lösung der Probleme in diesem Bereich verhindern, aber ständig Umstellungskosten verursachen und die Zukunft für die bedauernswerten Beteiligten, namentlich die Anbieter, unkalkulierbar machen.

„Solidaritätsprinzip“
Sofern mit gesetzlichen Zwangsmitteln durchgesetzt, eine höchst ungesunde Art von kollektivem Egoismus, speziell auf nationaler Ebene nach der Devise: „Und willst du nicht mein Bruder sein …“ Solidarität ist unentbehrlich in freien Gemeinschaften, von der Familie aufwärts, dort allein hat sie auch ihren moralischen Wert. Sie verlangt eine „Ethik des Teilens“, die nicht ohne Verlust ihres moralischen Charakters auf die nationale Ebene übertragen werden kann. Diese Ethik des „familiären Teilens“ ist auf nationaler Ebene nur in Ausnahmezuständen (z. B. Lastenausgleich nach Kriegen oder bei Naturkatastrophen) moralisch vertretbar. „Solidarität“ ist das Hauptschlagwort zu der im großen Stil organisierten Zwangsumverteilung, speziell über das Steuer- und Sozialversicherungssystem. Sie läuft im Ergebnis auf eine Ausbeutung einer Minderheit der „Besserverdienenden“ durch die Majorität der „Schlechterverdienenden“ hinaus. Derzeit tragen 17,5 Prozent der steuerzahlenden Bevölkerung über zwei Drittel des Einkommensteueraufkommens.

Sonderwirtschaftszone
Eine regionale Sonderzone mit niedrigen Steuersätzen, wenig Bürokratie, möglichst viel unternehmerischer Freiheit, wie, z. B. an der chinesischen Küste, zeigt, was ein freier Markt vermag. Hätte man eine solche Freihandelszone nach der Wiedervereinigung in den neuen Bundesländern eingerichtet, statt diese mit westdeutschen Bürokratie- und Subventionsstandards „totzufördern“, ständen wir heute nicht vor Problemen wie Abwanderung, Arbeitslosigkeit und allgemeinem Missmut. Man stülpte den bereits überholten westlichen Wohlfahrtsstaat einfach dem „Osten“ über. So haben wir ein Dauerproblem geschaffen, dem Deutschland nicht gewachsen ist und auf das die Parteien bisher die Antwort schul-

dig geblieben sind. Die Einrichtung von Sonderwirtschaftszonen „Ost“ bleibt aktuell.

Sonntagsarbeit
Der Sonntag soll gewiss geheiligt werden, aber brauchen wir dazu gesetzliche Zwangsregelungen nach dem Vorbild Deutschlands, namentlich eine so weitgehende Regulierung der Ladenöffnungszeit? Länder, die christlicher sind als Deutschland, z. B. die USA, zeigen, dass dies der Frömmigkeit und der familiären Freizeit keinen Abbruch tun muss. Man erhält nur eine zusätzliche Option. Starke Sitten sorgen dafür, dass dieser Sonntag geachtet bleibt, auch wenn man dort an diesem Tag gemütlich einkaufen kann. Niemand wird überdies dazu gezwungen, seinen Laden am Sonntag offenzuhalten. Die verzwickten Sonderregeln über „erlaubte“ Arbeit am Sonntag führen nur zu mehr Bürokratie.

„Sozial“
Der mit Abstand politisch-demagogisch am meisten missbrauchte Ausdruck unserer Zeit. Ein Begriff, der trotz seiner Unbestimmtheit immer wieder zum Totschlagsargument wird und offenbar für viele eine Art Religionsersatz darstellt. Wenn damit etwas anderes gemeint sein soll als das neutrale „zwischenmenschlich“, kommt man unweigerlich zur Einschätzung von Friedrich August von Hayek: *„So irreführend das Hauptwort ‚Gesellschaft‘ ist, es ist immer noch harmlos verglichen mit dem Adjektiv ‚sozial‘, das wahrscheinlich das verwirrendste Wort in unserem gesamten moralischen und politischen Wortschatz ist.“* Unser Lexikon muss sich nun den vielen Zusammensetzungen mit dem Ausdruck „sozial“ zuwenden, die diese Einschätzung von Hayeks belegen.

Sozialabbau
Kampfbegriff der Sozialdemokraten und Gewerkschaften, wenn es darum geht, ausgeuferte soziale Versorgungssysteme und arbeitsrechtliche Reglementierungen, die mit hohen Abgabenquoten, weniger Freiheit und Lähmung der Eigeninitiative erkauft sind, auf ein dem Individuum nützliches und mit Freiheit und Eigentum vertretbares Maß zurückzuführen. Mit diesem „Abbau“ werden individuelle Kräfte neu belebt, die soziale Privatinitiative sowie die echte Nächstenliebe und spontane Solidarität findet wieder mehr zu tun, es geht also, genauer gesagt, eher um einen „Wiederaufbau“ von moralisch-sozialer Energie!

„Sozialbindung des Eigentums“
Vager Begriff des Grundgesetzes, typischer Formelkompromiss (Artikel 14,2), mit dessen Auslegung sich unsere bedauernswerten Verfassungsrichter ständig herumschlagen müssen. Das Eigentum ist als „Institution“ an sich die für alle nützlichste Einrichtung und der Eckpfeiler einer freien Gesellschaft. Die Formel zeugt von dem Nichtbegreifen dieser Sozialfunktion. Eigentum muss sich in einer Marktgesellschaft unter Wettbewerbsbedingungen immer der „sozialen“ Bewährung stellen, bei Strafe des Eigentumsverlustes. Die „Sozialhilfe“ kennt Kundschaft aus allen sozialen Schichten. Wer sein ererbtes oder erworbenes Eigentum heute nicht klug einsetzt, dem droht unvermeidlich der persönliche Abstieg. Dagegen sollten Verbände, wie namentlich die Gewerkschaften, die durch ihre Hochlohnpolitik Arbeitslosigkeit verursachen, einer besonderen „Sozialbindung“ unterworfen werden. Sie verfügen über Sonderrechte, die sich mit einer freien Gesellschaft nicht vertragen, von der „Nichtabdingbarkeit“ der von ihnen vereinbarten Tarife über die mittelalterlichen Folterinstrumente („Streik“) bis hin zu einer Mitbestimmung ohne Mithaftung durch Eigentum.

Sozialdemagogie
Die verlogenste Form politischer Hetzpropaganda unter Ausnutzung von Unwissenheit und Neidinstinkten der Bürger. Es wird suggeriert, dass das Bestrafen der „Tüchtigen“, das Herunterziehen der „Besserverdienenden“ im Interesse des „kleinen Mannes“ sein soll. Bewusst wird übersehen, dass sich in einer Marktwirtschaft „Stärke“ aus der Abstimmung der Konsumenten über die Nützlichkeit von Leistungen ergibt. Setzt sich Sozialdemagogie mit speziellen Reichtumssteuern oder konfiskatorischen Grenzsteuersätzen und einer Einengung unternehmerischer Freiheit durch, ist das betroffene bedauerliche Land zum Abstieg verurteilt. Ein Musterbeispiel für Sozialdemagogie ist das Programm der „neuen“ Linken/PDS. Dieses Programm, von A bis Z „sozialreaktionär“, zeigt recht präzise die Wege auf, wie man unter heutigen Umständen am schnellsten wirtschaftlich absteigen kann. Es kümmert sich weder um die Aussagen der Wissenschaft noch um historische Erfahrungen, welche die unbelehrbare Linke vielmehr leichtfertig in den Wind schlägt.

„Sozialdumping“
Kampfbegriff aus dem Arsenal der Wettbewerbsgegner. Wenn sich ärmere Länder z. B. den übertriebenen deutschen Standard an Sozialleistungen

nicht leisten können und darum international mit geringeren Staats- und Abgabenquoten in den Wettbewerb treten, werden sie von den sozialen Hochkostenländern des „Sozialdumpings", der unfairen Unterbietung, bezichtigt. Möglichst global allgemeinverbindliche Sozialmindeststandards zu fordern, wie dies die Linken tun, heißt: an die Stelle eines Wettbewerbs der „nationalen Sozialsysteme" ein internationales Kartell, möglichst zu deutschen Bedingungen zu setzen, um so die bequeme Weiterexistenz des deutschen Wohlfahrtsstaates zu sichern. Ähnlich sind Begriffe wie Steuer- oder Lohndumping zu beurteilen.

„Soziale Errungenschaften"

Gemeint sind hiermit so genannte „soziale Grundrechte" als Anspruchsrechte auf entsprechende Staatsleistungen. Im DDR-Sozialismus wurden z. B. ein staatlich garantiertes „Recht auf Arbeit", ein „Recht auf Wohnung" oder auf einen Platz in einer Kindertagesstätte als „soziale Errungenschaft" gefeiert. Das Recht auf Arbeit setzt voraus, dass der Staat über sämtliche Arbeitsstellen der Wirtschaft verfügen kann, also die Unternehmen verstaatlicht, mit den bekannten desaströsen Folgen. Berufswahlfreiheit und Freizügigkeit müssen dann einer zentralen Arbeitskräfteplanung geopfert werden. Die Produktion ist größtenteils Schund, selbst Neubauten erscheinen bereits als Ruinen und der allgemeine Lebensstandard wird immer dürftiger. Die Notwendigkeit gewerblicher Frauenarbeit und der Kampf gegen die Familie führte zu den flächendeckenden staatlichen Familienersatzeinrichtungen („Kitas"), die noch heute als „vorbildlich" gefeiert werden, als ob nur der Staat solche Einrichtungen hervorbringen könnte und nicht auch der Markt, wenn er nicht durch vielfache Wettbewerbsverzerrungen daran gehindert würde. Die eigentliche „soziale" Errungenschaft der neuen Zeit ist dagegen die Tatsache, dass die Märkte frei von Monopolen und Privilegien sind und so auch der „kleine Mann", der nur seine Arbeitskraft hat, durch Leistungswillen und Ehrgeiz sich bis in die oberste Etage hocharbeiten kann.

Soziale Frage

Obwohl im 19. Jahrhundert die Befreiung der Märkte einen nie gekannten Aufstieg des „kleinen Mannes" brachte, erkennbar an Einkommen, Lebensstandard und Lebenserwartung, gab es dennoch damals viele sozialistische Schriftsteller, die einen Verarmungsprozess im Sinne von „die Reichen werden immer reicher, die Armen immer ärmer" feststellen zu müssen glaubten. Die soziale Frage war eigentlich *keine Armutsfrage*, sondern

eine Frage der Integration der neu entstandenen Arbeitermassen in die bestehenden Institutionen. Namentlich die Bevölkerungszusammenballung in den großen Städten führte zur Auflösung traditioneller Gemeinschaftsbindungen. Privatversicherungen, genossenschaftliche Initiativen, Selbsthilfebewegungen der Gewerkschaften waren damals solange auf dem Vormarsch, bis der Staat die soziale Initiative unter und vor allem nach Bismarck fast bei sich monopolisierte. Statt die Etablierung sicherheitsgarantierender Institutionen von unten her abzuwarten, schwächte der Staat diese Bewegungen entscheidend. Wir kämpfen heute mit den Strukturproblemen unseres Wohlfahrtsstaates als Konsequenz damals vorgenommener Weichenstellungen. Der Staat erweiterte im 20. Jahrhundert seinen angeblichen „sozialen Auftrag“ und unterwarf schließlich fast die gesamte Bevölkerung seinen Versorgungsdiensten und Abgabenzwängen.
Literaturtipp: Hans Achinger: Sozialpolitik als Gesellschaftspolitik, 2. Aufl., Frankfurt/M. 1971; Gerd Habermann: Der Wohlfahrtsstaat. Die Geschichte eines Irrwegs, Taschenbuchausgabe Frankfurt/M., Berlin 1997.

Soziale Gerechtigkeit
Die Gerechtigkeit des Marktes ist so präzise wie die Grammatik: Wer 100 Euro schuldet, muss eben diese 100 Euro zahlen. Die „soziale“ Gerechtigkeit ist hingegen eine Schimäre. Hier definieren Regierungen willkürlich, was jeweils als „gerecht“ anzusehen ist, wem was zukommt oder, mit Lenins Formel: *wer wieviel*? Umverteilung, die auf freiwilligem Wege dem Gefühl echter Solidarität, Nächstenliebe oder Barmherzigkeit entspricht, wurde plötzlich zur „Gerechtigkeit“. So konnte man, statt vom Nächsten Mitgefühl und Barmherzigkeit zu erwarten, auf sein „gutes Recht“ pochen, in dessen Tasche zu greifen und sich so mit gutem Gewissen selbst zu bedienen. Im Übrigen wird wohl Friedrich August von Hayek zuzustimmen sein: *„Mehr als zehn Jahre lang habe ich mich intensiv damit befasst, den Sinn des Begriffs ‚soziale Gerechtigkeit' herauszufinden (...) ich bin zu dem Schluß gelangt, dass für eine Gesellschaft freier Menschen dieses Wort überhaupt keinen Sinn hat (...) Nicht nur ‚soziale Gerechtigkeit', sondern auch ‚soziale Demokratie', ‚soziale Marktwirtschaft' oder ‚sozialer Rechtsstaat' sind Ausdrücke, die dadurch, dass das Adjektiv ‚sozial' den an sich vollkommen klaren Ausdrücken Gerechtigkeit, Demokratie, Marktwirtschaft oder Rechtsstaat hinzugefügt wird, beinahe jede beliebige Bedeutung erhalten können.“*
Literaturtipp: Friedrich August von Hayek: Recht, Gesetz und Freiheit, Tübingen 2005.

Die Communisten.

„Ja, du redest immer von Gleichheit und Gütertheilen, allein ich setze den Fall, wir haben getheilt und ich, ich spare meinen Theil, doch du verschwendest den Deinigen, was dann?“

„Ganz einfach! Dann theilen wir wieder!“

Quelle: Fliegende Blätter, 1847

Soziale Hängematte

Zutreffendes Bild für die Tatsache, dass in Systemen mit umfassender Versorgung durch den Staat die Versuchung stark ist, sich mehr auf Fremdhilfe als auf Eigeninitiative zu verlassen und sich mit Sozialtransfers auszuruhen. Wozu die Mühe eigener Arbeit und Anstrengung, wenn doch so relativ einfach ein sozialer Transfer vom Staat bezogen werden kann, der einen noch achtbaren Lebensstandard garantiert? Es ist die Gefahr aller zu üppig bemessener oder zu leicht gewährter Sozialhilfe, dass sie die Menschen immobilisiert, der Arbeit entwöhnt und erschlaffen lässt. So kann auch die gute Staatsversorgung alleinstehender Mütter dazu führen, diesen Zustand erstrebenswert zu machen und so ihre Zahl zu vermehren; ebenso „Arbeitslosigkeit“, wenn sie durch hohe Lohnersatzeinkommen, Freizeitpotenzial und die Chancen zur Erzielung zusätzlicher Einkommen in Schwarzarbeit attraktiv geworden ist.

„Soziale Kälte“

„Soziale Kälte“ ist unvermeidliche Folge einer Verstaatlichung des „Sozialen“, das sonst durch freie Gemeinschaften wie Familie, Kirchen, Vereine, dem so genannten dritten Sektor, und private Versicherungsmärkte gesichert würde. „Liebe“ und „Solidarität“ lassen sich durch staatliche Behörden, die Anspruchsberechtigungen überprüfen und „ohne Ansehen der Person“ handeln müssen, nicht erreichen. Die helfende Hand eines Freundes oder der Familie ist gewiss „wärmer“ als die eines persönlich unbekannten und gleichgültigen Staatsbeamten. „Soziale Wärme“ gibt es nur in echten Gemeinschaften. Sie lässt sich nicht anonymisieren, nicht bürokratisieren, ohne ihre Substanz zu verlieren. Darum gilt die Formel: je weniger Wohlfahrtsstaat und Staatsversorgung, desto mehr „soziale Wärme“. Nie gab es mehr „soziale Wärme“ als im Deutschland des 19. Jahrhunderts mit den vielfältigen Privatinitiativen oder heute noch in den USA.

Literaturtipp: Gerhard Schwarz: Die „soziale Kälte“ des Liberalismus – Versuch einer Klärung, St. Augustin 1992.

Soziale Marktwirtschaft

Großartiger Entwurf Ludwig Erhards zur Wiederherstellung einer Gesellschaft selbstbewusster Eigentumsbürger nach den Schrecken des totalitären Termitenstaates. Unter „sozial“ verstand Erhard dabei: freie Wettbewerbsmärkte (Auflösung aller Kartelle!), gesicherte Eigentumsrechte, berechenbare Politik, stabiles Geld, Vorrang der Eigenvorsorge. Sein Ideal war eine „Ownership Society“, die sich nach und nach durch Eigentums- und Vermögensbildung von den Sozialprothesen der Bismarck-Zeit verabschieden kann. Erhards Konzeption setzte sich für die gewerblichen Märkte weitgehend durch, während er in der Sozialpolitik trotz seines

massiven Protestes nicht verhindern konnte, dass der „Schrei nach sozialer Sicherheit" umso größer wurde, je mehr die Leute eigentlich auf eigenen Füßen stehen konnten. Erhards großes Projekt blieb darum stecken und seine Kanzlerschaft war zu kurz, um in einer „zweiten Phase der Sozialen Marktwirtschaft" auch im Sozialbereich Planwirtschaft und Bevormundung zu überwinden. An die ursprüngliche Erhardsche Konzeption müsste bei einer Reform des gegenwärtigen Versorgungsstaates angeknüpft werden.
Literaturtipp: Ludwig Erhard: Wohlstand für alle. Jubiläumsausgabe Düsseldorf 2000.

Soziale Sicherheit
Für Wohlstand und Überleben einer Gesellschaft gefährlicher Versuch des Staates, die natürliche Pflicht jedes Bürgers, gegen Normalrisiken seines Lebens selbst vorzusorgen, durch Zwangsvorsorgesysteme abzulösen. Dies führt zur Beeinträchtigung der Kapitalbildung und macht die Bürger vom Staat abhängig, namentlich im Alter. In Deutschland sind derzeit 85 Prozent des Alterseinkommens staatsfinanziert. Die soziale Sicherheit hängt daran, dass stets genügend Beitragszahler vorhanden sind. Sie ist bei jeder demographischen oder wirtschaftlichen Krise, die sie selbst mitverursacht, existentiell bedroht. Inzwischen ist die „soziale Sicherheit" nur noch eine vorgespiegelte, da in Wirklichkeit eine *staatlich organisierte soziale Unsicherheit.* Nur Eigenvorsorge, echtes Privateigentum, Familie, Rücklagen aller Art erzeugen Selbstbewusstsein, Unabhängigkeitssinn und eine gewisse innere Gelassenheit gegenüber wirtschaftlichen Turbulenzen, und im Besonderen gegenüber dem Risiko einer vorübergehenden Arbeitslosigkeit.

Soziale Symmetrie
Ein wichtiger Begriff aus der Neidökonomie. Obwohl die „Besserverdienenden" bereits jetzt weit überdurchschnittlich zur Kasse gebeten werden, sollen ihnen zusätzliche Opfer zugemutet werden, wenn es darum geht, Sozialleistungen zurückzuschneiden. So verlangt z. B. die „soziale Symmetrie" angeblich, dass, wenn Sozialleistungen für Arbeitnehmer abgebaut werden, gleichzeitig auch die so genannten Reichen ein Opfer in Form etwa höherer Progressivsätze oder einer speziellen „Reichensteuer" leisten sollen. In Wirklichkeit ist es so, dass es nur dann den „Schlechterverdienenden" besser gehen kann, wenn man den „Besserverdienenden" nicht den Antrieb zur Leistung und einen wichtigen

Grund ihres Selbstbewusstseins nimmt. Heute, im Zeitalter internationaler Freizügigkeit, können sich glücklicherweise beneidete Eliten einer räuberischen Ausplünderung im Interesse „sozialer Symmetrie" durch Abwanderung entziehen, ein heilsamer Druck, neidorientierte Umverteilungspolitik zu korrigieren. Schon damit diese Möglichkeit gegeben bleibt, braucht es Nothäfen wie die Schweiz, Luxemburg und Niedrigwo nicht Null-Steuer-Inseln in Amerika oder Asien.

Sozialer Darwinismus

Eine falsche Übertragung des Darwinismus auf die „soziale Frage". (Der Klassenkampf ist das linke Pendant zum biologistischen „Rassenkampf".) Von der Wettbewerbsgesellschaft wird behauptet, dass sie den Starken auf Kosten des Schwachen begünstige. In Wirklichkeit kann jedoch der Starke nur stark dadurch sein, dass er seinen Mitmenschen nützliche Dienstleistungen bietet, insoweit ist seine Macht nur „geliehen" und der „Schwache" wird nicht „vernichtet", sondern nur darauf verwiesen, Kapital und Arbeit möglichst nutzbringend einzusetzen. Dies gilt auch für ausscheidende Unternehmen. Eine Politik des „sozialen Darwinismus" verfolgen, indessen die Gewerkschaften, indem sie durch Hochlohnpolitik und „Sockelei" der Niedriglöhne die einfache, unqualifizierte Arbeit aus dem Markt drängt und für die Abwanderung ganzer Industrien ins Ausland sorgt. Sozialer Darwinismus ist es auch, wenn, gestützt auf demokratische Mehrheiten, wohlhabende Minoritäten durch Mehrheitsbeschlüsse teilweise entrechtet und enteignet werden, etwa durch unmäßige Progression, „Reichensteuer", im einseitigen Kündigungsschutz oder bei der gesetzlichen „Mitbestimmung".

Sozialhilfe

Es ist seit langem Grundsatz einer freien Gesellschaft, dass niemand unter ein gewisses soziales Minimum hinuntersinken soll. Ein dauernder Kampf entspinnt sich hingegen um die Frage, wo dieses Minimum liegen soll, ohne den Anreiz zur Eigeninitiative zu nehmen. Der Niedriglohnsektor in Deutschland verschwand auch deswegen, weil es günstiger war, stattdessen von der Sozialhilfe (oder heute Hartz IV) zu leben, einer Sozialhilfe, die neben den so genannten Regelleistungen für den täglichen Lebensunterhalt auch die Wohnungsmiete, die Heizkosten, ja schließlich ein Weihnachtsgeld für Geschenke und sogar die durchschnittlichen Kosten einer Hochzeit umschloss. Üppige Sozialhilfe hat dafür gesorgt, dass trotz großer Arbeitslosigkeit hunderttausende von zusätzlichen Arbeits-

kräften aus dem Ausland verpflichtet werden, um hier z. B. Erntearbeiten zu erledigen. Zu hohe und zu leicht erreichbare Sozialhilfe kann besonders auch dazu führen, dass eine „Einwanderung in die Sozialsysteme" stattfindet. So ist auffällig, dass überdurchschnittlich viele, namentlich türkische, Ausländer Sozialhilfe beziehen. „Sozialhilfe" hat ihr Stigma trotz Bedürftigkeitsnachweis weitgehend verloren. Auch sprachlich drückt sich dies aus: sie hieß früher einmal *Armenhilfe* oder *Fürsorge.*
Literaturtipp: Hans Achinger: Sozialpolitik als Gesellschaftspolitik, 2. Aufl., Frankfurt/M. 1971.

Sozialismus
Ideologie, die die absolute Herrschaft der „Horde" oder des „Stammes" über den Einzelnen behauptet (nenne man diese Horde nun Klasse, Rasse oder Nation oder wie sonst). Dies führt zur Vernichtung des Privatlebens, ja des Individuellen schlechthin, das nur insoweit noch geduldet wird, als es sich der allgemeinverbindlichen Zielsetzung der Horde unterordnet. Es handelt sich hier um eine reaktionäre Weltanschauung, die seit dem Triumph der liberalen Persönlichkeitslehre dieselbe wie ein dunkler Schatten begleitet und im 20. Jahrhundert über ein Drittel der Menschheit einen Triumph feierte, der 80 bis 100 Millionen Menschen das Leben kostete. Der Sozialismus ist auch nach dem Zusammenbruch des Sowjetimperiums eine ständige Bedrohung der Freiheit, vor allem in der Form des „schleichenden Sozialismus" im Wohlfahrtsstaat über sozialisierte Einkommen und Einschnürungen der Vertragsfreiheit.
Literaturtipp: Igor R. Schafarewitsch: Der Todestrieb in der Geschichte. Erscheinungsform des Sozialismus, Frankfurt/M., Berlin, Wien 1980; Ludwig von Mises: Die Gemeinwirtschaft. Untersuchungen über den Sozialismus, Neuausgabe der 2. Aufl., München 1981.

Soziallehre, christliche
Die christliche Soziallehre, namentlich in ihrer katholischen Variante, die in antiken Traditionen steht, stützt keineswegs bedingungslos den modernen Wohlfahrtsstaat, der Nächstenliebe und spontane Sozialinitiative abtötet und so die Kirchen um ihren sozialen Auftrag bringt. Sie verweist dagegen auf das *Subsidiaritätsprinzip.* Gleichwohl gibt es etliche Kirchenvertreter, die über die Unterstützung wohlfahrtsstaatlicher Projekte ihre Selbstabschaffung bzw. politische Funktionalisierung betreiben. Eigentum, Tausch und Unternehmerfunktion werden schon von der spätscholastischen Schule von Salamanca (17. Jahrhundert) fast wie später von Adam

Smith gedeutet. Die Persönlichkeitslehre und das Subsidiaritätsprinzip sind markante Verbindungen zwischen einem recht verstandenen Liberalismus, der über platten Ökonomismus hinausreicht, und einer christlichen Soziallehre, die berechtigterweise auf die entscheidenden Normen „jenseits von Angebot und Nachfrage" hinweist. Die „päpstliche Revolution" des 11. und 12. Jahrhunderts trennte Staat von Kirche, in wohlberechtigter Sorge um deren Unabhängigkeit. Heute biedern sich vielfach Kirchen an den Wohlfahrtsstaat an, der sie doch chronisch enteignet und einschränkt. Vertreter der liberalen Tradition der christlichen Soziallehre sind z. B. *Wilhelm Weber, Anton Rauscher* und *Wolfgang Ockenfels.*

Sozialkapital
Sozialkapital ist die Gesamtheit funktionierender Institutionen von der Familie bis zum Rechtsstaat mit den entsprechenden persönlichen Einstellungen und Werten, die durch Tradition weitergegeben werden. Unter diesen Voraussetzungen ist die Koordination zwischen den Menschen erleichtert und gegenseitiges Vertrauen, die Berechenbarkeit des anderen, wird möglich. Dies erspart Rechtsanwälte, Gerichte und Polizeiapparate. Sozialkapital ist in diesem Sinne der soziale Kitt einer Gesellschaft – aus vielen einzelnen Steinchen entsteht ein harmonisches Muster. Wichtigster Zehrer am Sozialkapital ist der Wohlfahrtsstaat, der Traditionen des Eigentums, der Selbsthilfe, der Gruppenhilfe zerstört, andererseits auch ein primitiver Ökonomismus, der die Fakten „jenseits von Angebot und Nachfrage" übersieht.
Literaturtipp: Francis Fukuyama: Konfuzius und Marktwirtschaft, München 1995.

Sozialkleptokratie
Die berufsmäßigen politischen Umverteiler, die keinen Respekt vor Eigentum und Freiheit der Bürger kennen, sondern ihren Beruf daraus machen, sie in beiden zu schmälern und vom Staat abhängig zu machen. Die Folge ihres erfolgreichen Wirkens sind am Sozialbudget oder an der Sozialquote abzulesen. Getrieben wird diese Menschengruppe durch pseudomoralischen Gleichheitsfanatismus, Neid oder einfach Karriere- und Pfründenstreben.

Sozialnationalismus
Dominierende Einstellung sozialdemokratischer Parteien Europas, die ihre nationale Klientel gegen internationalen Wettbewerb abschirmen

wollen und ihren sonst immer aufgesetzten „Internationalismus“ sofort preisgeben, wenn es darum geht, hergebrachte Lebensstandards gegen Lohn-, Steuer-, Sozial- oder sonstige Konkurrenz aus dem Ausland zu schützen. Dies wird als „Dumping“ gebrandmarkt und es wird zu protektionistischen Gegenmaßnahmen oder aber – sozial-imperialistisch – zu allgemeinverbindlichen „Mindeststandards“ über alle nationalen Grenzen hinweg aufgerufen.

Sozialpolitik

Sozialpolitik nach dem Subsidiaritätsprinzip ist vertretbar und sinnvoll als Staatshilfe für die „wirklich Bedürftigen“, ungerecht und tyrannisch dagegen als Mittel, die Einkommens- und Vermögensverhältnisse, ja die Lebensumstände aller zu manipulieren und dabei Urrechte wie die Vertragsfreiheit einzuschränken oder ganz aufzuheben. Heute sind Wirtschafts-, Kultur-, Bildungs-, Finanz-, ja selbst die Geldpolitik zu dienenden Mägden der Sozialpolitik heruntergesunken. Grundsätzlich gilt: Je gesünder und stabiler eine Gesellschaft ist, desto mehr kann sie auf Sozialpolitik verzichten. Andererseits kann ausufernde Sozialpolitik, wie gegenwärtig, die freien Zwischenkörper einer Gesellschaft, die gesell-

Sozialleistungen in Deutschland *(in Mrd. Euro)*

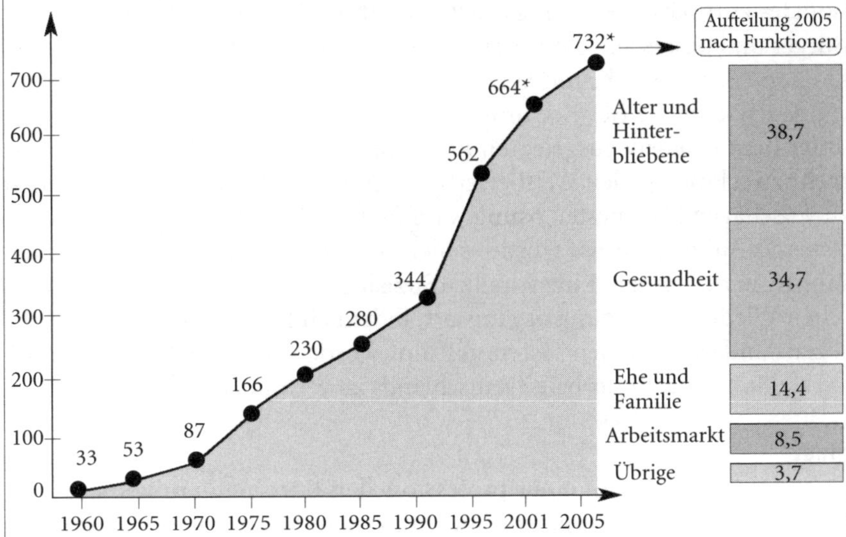

* Schätzung
Quelle: BMWA, ab 1990 Gesamtdeutschland (Globus-Bilderdienst)

schaftliche Gliederung, zerstören. Es gibt dann nur noch das schwache Individuum und ihm gegenüber den allmächtigen Staat. Dies ist jenes „Sozialprotektorat", in dem wir in Deutschland und anderen europäischen Ländern zunehmend leben.
Literaturtipp: Bertrand de Jouvenel: Über die Staatsgewalt, Freiburg, 1972.

Sozialstaat
Sinnvoll als Definition eines Staates, die sich im Sinne subsidiärer Sozialpolitik derjenigen annimmt, die sich aus welchen Gründen auch immer nicht selbst helfen können. Nicht vertretbar ist ein Sozialstaat in seiner Ausartung zum „Wohlfahrtsstaat", der sich an *alle* wendet (auch an diejenigen, die sich selbst helfen könnten) und zu einer Politisierung der Gesellschaft führt. Ein Gegenbegriff wäre der reine Rechtsstaat, der sich im Sinne eines Minimalstaates darauf beschränkt, allgemeine Verhaltensregeln und die äußere Sicherheit der Gesellschaft zu garantieren und die soziale Hilfe den freien Initiativen seiner Bürger überlässt.

„Sozialunion"
Begriff aus der Europapolitik: die sozialen Standards in der EU sollen einander – möglichst nach „oben" – angeglichen werden, es soll kein Wettbewerb der nationalen Sozialsysteme mehr geben, stattdessen ein übernationales europäisches Sozialkartell. Damit wird verhindert, dass sich die Bürger und besonders die Unternehmen nationalen Standorten entziehen können, die sie zu sehr mit Sozialkosten belasten. – Statt solcher Kartellierungen, wie sie die EU-Kommission mit großer Energie vorantreibt, etwa unter dem extensiv ausgelegten Rechtstitel „Arbeitsschutz", wäre es vielmehr zweckmäßig, den Wettbewerb zwischen den sozialen Systemen noch zu verschärfen. Die beste Lösung wäre freilich eine „Privatisierung" dieser Systeme. Auf diese Weise würde es hier in anderer Art einen „einheitlichen Binnenmarkt" geben. Eine voreilige Sozialunion wurde auch bei der deutschen Wiedervereinigung organisiert, indem einfach westdeutsche Hochsozialstandards auf den Osten gestülpt wurden, um Konkurrenz durch „Sozialdumping" innerhalb Deutschlands zu verhindern.

Staat
Staat heißt: Herrschaft einer professionellen Bürokratie mit einem legitimen staatlichen Zwangsmonopol auf einem bestimmten Territorium. Der Staat ist die heute dominierende Herrschaftsform. Er wird vor allem durch internationalen politischen Wettbewerb, durch schwächer wer-

dende freiheitliche Garantien des Rechtsstaates, durch den Markt, der ihm die Ökonomie weitgehend entzieht, durch gesellschaftliche Gegengewichte wie Familie, Kirchen, freie Vereine usw., und entsprechende Sitten und Traditionen in Schach gehalten. Im Unterschied zu den „zivilen" Märkten ziehen Staaten als Gewaltmonopolisten eine breite Blutspur hinter sich her. Staat bedeutet immer Zwang von Menschen gegen Menschen, mag dieser auch rechtstaatlich reguliert sein und er bedeutet immer eine Versuchung für die gerade herrschende politische Klasse, ihre Macht zu missbrauchen, die sie ja im Monopol besitzt. Darum ist es wünschenswert, den Bereich dessen, was durch den Staat beherrscht wird, klein zu halten und die Staatsmacht selbst zu dezentralisieren (Föderalismus, Kommunalismus). Das Zentralproblem einer freien Gesellschaft lautet heute: Wer schützt uns vor unseren Beschützern? Nicht der „Neoliberalismus", sondern der Wohlfahrtsdespotismus des Staates ist in Westeuropa gegenwärtig die Hauptgefahr.

Staatsversagen
Eine überall zu beobachtende Erscheinung, wenn der Staat versucht, sich in Märkte einzumischen, die ohne seinen Eingriff gut funktionieren würden. Grundsätzlich kann man sagen: Überall dort, wo der Staat interveniert, kommt es zu Problemen. Unsere alltägliche Versorgung mit den Gütern des täglichen Gebrauchs, rein marktwirtschaftlich geordnet, ist kein Problem. Das Problem beginnt immer dann erst, wenn der Staat mit „Marktordnungen", Subventionen, Lenkungs- oder Stützungsmaßnahmen aller Art die spontane Ordnung lähmt. So haben wir heute große Probleme in genau den Bereichen, in die sich der Staat besonders intensiv einmischt: von der Bildungspolitik bis hin zur sozialen Sicherung und ohne seine Einmischung in das „Recht der Arbeit" hätte wir wahrscheinlich in Deutschland heute Vollbeschäftigung wie arbeitsrechtlich liberalere Länder (Schweiz, Großbritannien, USA).

Staatsverschuldung
Beliebtes indirektes Mittel der Staatsfinanzierung, um kurzfristige Steuererhöhungen zu vermeiden. Die Lasten (Zinsen und vor allem Tilgung) werden auf die Zukunft abgewälzt: *„Kinder haften für ihre Eltern."* Hauptursache der Staatsverschuldung sind Kriegs-, bzw. Rüstungsfinanzierung und heute (in Deutschland) vor allem die Finanzierung von Sozialtransfers, mit denen die Bevölkerung vom Staat abhängig gemacht und gehalten wird oder auch (wie im Falle der neuen Bundesländer) einmalige

ungewöhnliche Investitionen zur Modernisierung der Infrastruktur. Staatsverschuldung endet nach historischer Erfahrung regelmäßig im Staatsbankrott, d. h. einer Erklärung der Zahlungsunfähigkeit, in einem stückweisen Abbau von Staatsleistungen oder in dem allmählichen Staatsbankrott über Inflationssteuer, die die Staatsschuld vermindert (auch mit Hilfe manipulierter Zinsen). So oder so müssen die Bürger am Ende für den Leichtsinn und die Gewissenlosigkeit ihrer Politiker einstehen. Ihr Vermögen wird entwertet, soweit es in Staatspapieren besteht. Eventuell kommt es zu einer Währungsreform. Die Deutschen haben zwei Bankrotte dieser Art im 20. Jahrhundert erlebt und eine dritte ist bei Fortdauer der derzeitigen Verschuldungspraxis nicht ausgeschlossen. Zur ausgewiesenen Staatsschuld kommen die nicht bilanzierten Ansprüche im Rahmen der Sozialversicherung, für die es keine Rücklagen gibt.

Staatsschulden und Staatsdienst

Ausgewiesene Staatsschulden per 31.12.2003	1.326 Mrd.
+ erwartetes Defizit 2004	83 Mrd.
+ verdeckte Staatsschulden (Sozialversicherung)	4.000 Mrd.
Gesamte Staatsschulden	**5.409 Mrd.**

Das sind pro Erwerbstätigen: 149.145 Euro

Wie können wir diese Schuldenlast angesichts sinkender Bevölkerungszahlen abtragen?

Quelle: Weberbank

Staatswirtschaft

Der Staat als Unternehmer hat im 20. Jahrhundert in fürchterlicher Weise versagt und dies gilt noch heute, wo er als solcher, auch in „scheinprivatisierter“ Form auftritt. Die Deutsche Bahn AG z. B. hätte längst nachfragegerechte Strukturen, wenn sie nicht mit Subventionen, die höher als ihr Umsatz sind, und Konkurrenzschutz (z. B. gesetzliches Verbot von Linienbus-Fernverkehr, hohe steuerliche Belastung des konkurrierenden Straßenverkers) daran gehindert würde. Die Eisenbahn machte im 19. Jahrhundert Überschüsse, dann wurde sie verstaatlicht. Anschließend machte sie bald Defizite und dies ist so bis heute, in allen europäischen Ländern. Es gibt nichts, was ein Staat nicht gelegentlich an sich gezogen hätte, auch auf der Ebene der Kommunen. Der Staat verkauft gelegentlich Brot, Speiseeis, er unterhält Cafés, Saunas, Nagelstudios, in Berlin sogar bis vor kurzem die größte Kuhherde Europas. Durch den unsichtbaren Hoheitsadler im Briefkopf der Staatsbetriebe und durch den Rückhalt, den Staatsbetriebe regelmäßig im steuerfinanzierten „Mutterbetrieb" finden, kommt es unvermeidlich zu Wettbewerbsverzerrungen mit der Privatwirtschaft. Grundsätzlich könnte die notwendige „Privatisierung" bis weit in den hoheitlichen Bereich gehen: so könnte man auch Polizeifunktionen in der Form der „Beleihung" privatisieren, wie das schon jetzt in dieser Sphäre vielfach der Fall ist (Schornsteinfeger, Notare, eidlich gebundene Sachverständige in der Lebensmittelüberwachung usw.).

Steuerdumping
Diffamierender Begriff, besonders gern gebraucht von den Finanzministern der Hochsteuerländer. Es ist ihnen ein Dorn im Auge, das es andere Länder gibt, die für ein geringeres Angebot an öffentlichen Gütern eben auch nur geringere Steuersätze benötigen. Ihr Bestreben ist es, möglichst hoch angesetzte „Mindestnormen" für die Versteuerung international zu vereinbaren, um damit dem mobilen Kapital Wahlmöglichkeiten und dem einfachen Bürger Rettungsmöglichkeiten für „Erb und Eigen" zu nehmen. Nichts ist so zu fürchten wie ein europäisches, gar globales Steuerkartell.

Steuern
Derzeit das Hauptmittel des Staates, sich mit Zwangsgewalt Einkommen zu verschaffen, um sein Personal zu beschäftigen und die ihm übertragenen oder an sich gezogenen Aufgaben zu erledigen. Ohne beschränkende liberale Grundsätze der Besteuerung (z. B. keine Progression!), kann die Steuer ein Mittel zur Zerstörung der Gesellschaft werden: „The power to tax is the power to destroy". „Fiskalsozialismus" ist der heute übliche Weg der Sozialisierung einer Gesellschaft. Alternativen zur Hochbesteuerung sind: kleine Staatsagenda, naturale Dienstleistungen, auch zwangsweise durch die Bürger (etwa im Milizsystem), Zolleinnahmen oder das Betreiben eigener Industrien. Eine kleine Agenda und ein Milizsystem nach Art der Schweiz sind wünschenswert.

Steuerschlupflöcher
Einer der seltsam verqueren Begriffe demagogischer Finanzpolitik. Die Politiker schaffen z. B. attraktive Abschreibungsmodelle, die, wenn sie

denn genutzt werden, nunmehr bei zunehmender Finanznot des Staates als „Steuerschlupflöcher“ bezeichnet werden, so, als wenn die, die von der Politik geschaffenen Möglichkeiten nutzen, etwas Unrechtes täten, zumindest Anrüchiges, indem sie durch die „Löcher“ hindurchschlüpfen, um ihre Steuerlast zu erleichtern.

Streikrecht
Fragwürdiges „Recht“ in einer freien Gesellschaft, welche Nötigung oder Erpressung eigentlich sonst kriminalisiert. Die Herstellung einer „Kampfparität“ durch das analoge Instrument einer „Aussperrung“ ist eine verständliche Gegenmaßnahme, aber keine Lösung des Problems. „Tarifautonomie“ schließt das Streikrecht nicht selbstverständlich ein. Durch Schwerpunkt-, Warnstreiks usw. ist heutzutage diese Parität überdies gestört. Die Schweiz zeigt, dass man diese mittelalterlichen Fehde-Einrichtungen durch „Friedensabkommen“ ersetzen kann. Im Übrigen gilt: wenn man sich mit seinem Gegenüber nicht einigen kann, ist ein Vertrag aufzukündigen und man wechselt gegebenenfalls seinen Arbeitsplatz, was bei ungestörtem Arbeitsmarkt kein Drama ist.

Subjektförderung
Im Gegensatz zur „Objektförderung“ – öffentliche Güter zum Nulltarif für alle, etwa an Universitäten oder im Gesundheitswesen – gezielte Förderung derjenigen, die es nötig haben. Objektförderung fördert alle Bürger unterschiedslos und ist damit eine Verschwendung. Sie konterkariert außerdem die Umverteilungsabsicht, indem Wohlhabendere diese Förderung „mitnehmen“ können und somit eine Umverteilung von unten nach oben eintritt. Objektförderung ist bei den Sozialpolitikern beliebt, weil sie den Geist der Selbstverantwortlichkeit und Selbsthilfe schwächt und auch die oberen Schichten vom Staat abhängig macht.

Subsidiarität
Kernpunkt der liberalen Zuständigkeitslehre: Zunächst ist jeder für seine Angelegenheiten selbst zuständig, dann die privaten Kollektive von der Familie, Freundschaft, Nachbarschaft, Berufsverbänden, Vereinen, Kirchen usw. aufwärts. Danach die politische Ebene, wo nach dem Subsidiaritätsprinzip ebenfalls die untere Ebene den Vorrang hat, also zunächst die Kommune, dann die Landesebene, zuletzt die Bundesebene. Erst danach kommen die EU, die NATO oder gar die UNO. Gegenwärtig ist dieses Prinzip in der politischen Praxis auf den Kopf gestellt: Für rein private

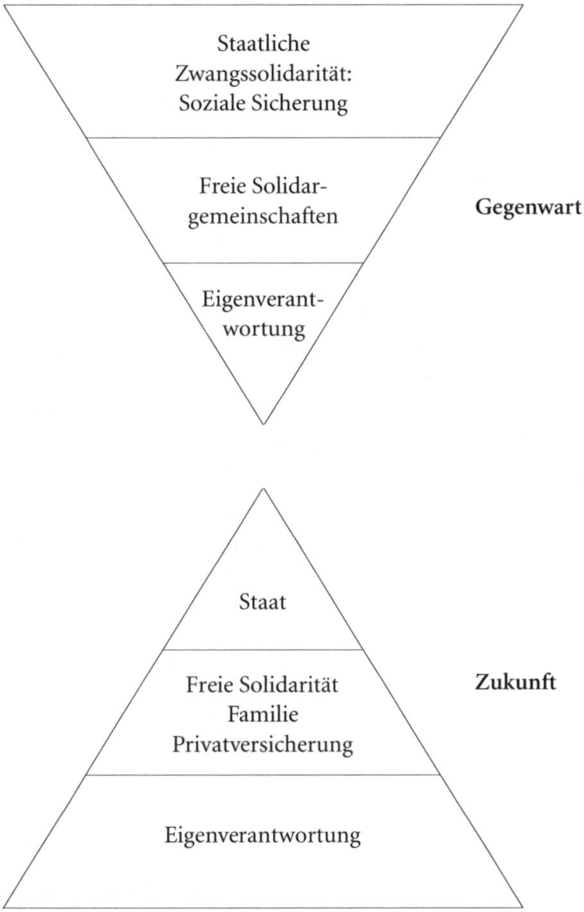

Die Gesellschaft wieder auf ihre natürliche soziale Basis stellen!

Angelegenheiten wie z. B. die Vorsorge für das Leben im Alter, bei beruflichem Unfall usw. ist heute die nationale Ebene zuständig, nicht der einzelne Bürger, der doch seine Bedürfnisse selbst am besten kennt. Die derzeitige Integrationspolitik der Europäischen Union stellt fast durchgängig einen Verstoß gegen dieses Prinzip bei gleichzeitigem verbalen Bekenntnis zu ihm dar; sie läuft auf eine Orgie politischer Enteignung der Mitgliedsstaaten und sogar der regionalen oder lokalen Ebene hinaus, von der europaweiten Festsetzung der erlaubten Arbeitszeit für Arbeitnehmer bis zum Verbraucherschutz. Subsidiarität muss die Leitlinie einer

Sozialreform sein. Das Subsidiaritätsprinzip wurde besonders durch die Katholische Soziallehre entwickelt.

T

Tarifautonomie

Harmlos klingende Bezeichnung für die Herrschaft des „Tarifkartells" am Arbeitsmarkt. Es betont die staatsfreie Lohnfindung: nicht der Staat, die Tarifpartner, will sagen Kartellkomplizen, sind für die Aushandlung der Tarife zuständig. „Autonom" sollte indessen der Einzelne, allenfalls der Betrieb sein. Kartellmäßig konzentrierte Verhandlungsmacht schafft ein großes Erpressungspotenzial. *Dezentrale Lohnfindung ist die Parole der Zukunft.* Gewerkschaften und Arbeitgeberverbände sollten sich auf Servicefunktionen für ihre Mitgliedschaft konzentrieren. Staatliche Einkommenspolitik auf der anderen Seite ist allenfalls als äußerste Notstandsmaßnahme bei generell überhöhtem Lohnniveau und entsprechender Arbeitslosigkeit (wie am Ende der Weimarer Republik) vorübergehend vertretbar. In Neuseeland wurde diese Tarifautonomie kurzerhand aufgehoben. Von den massiven Gegendemonstrationen der Gewerkschaften ließ sich die entschlossene Regierung nicht beeindrucken.

Thatcher, Margaret

Diese britische Premierministerin (1979–1990) setzte mit unbeirrbarer Härte eine Reform des durch Gewerkschaftsmacht und Wohlfahrtsstaat zerrütteten Landes (Inflation, Arbeitslosigkeit, Staatsverschuldung) durch. Sie tat dies mit einer an bürgerlich-viktorianischen Werten orientierten strikt-neoliberalen Ordnungspolitik. Sie bestand die Nervenprobe namentlich mit dem gewaltsamen Widerstand der Bergarbeitergewerkschaft, dies im Unterschied zum „weichen" Edward Heath. So wurde die Inflation mit Erfolg bekämpft, der Arbeitsmarkt liberalisiert (heute hat Großbritannien praktisch Vollbeschäftigung), die umfangreiche Staatswirtschaft im Geiste eines Erhardschen „Volkskapitalismus" radikal privatisiert. Margaret Thatchers Erfolgskonzept war das einer „Eigentumsbürgergesellschaft". Freilich rührte sie kaum an dem unbegreiflicherweise immer noch populären staatlichen Gesundheitsdienst. Die „Eiserne Lady" ist ein Beweis dafür, dass man auch mit unpopulärer harter Reformpolitik Wahlen gewinnen kann. Zweimal sogar! Sie wurde nicht von der Wählerschaft, sondern von ihren Parteikollegen gestürzt. Ihre Europapolitik erfreute durch eine wohlbegründete Kritik am Brüsseler Zentralismus, wie sie sich namentlich in der Rede von Brügge (1988) aussprach.

Literaturtipp: Margaret Thatcher: Die Erinnerungen (1925–1979) Düsseldorf 1995; Downingstreet No. 10, 2. Aufl. Düsseldorf 1993

U

Umlageverfahren
Eine die Bildung von Kapital verhindernde kurzsichtige Art der Finanzierung der Sozialversicherung über Zwangsabgaben. Da keine Rücklagen aufgebaut werden, gerät das System bei jeder e rnsten Krise (Arbeitslosigkeit, Demographie) ins Wanken, denn die Beitragszahler können nicht beliebig belastet werden. Viele Sozialversicherte erliegen der Illusion, dass sie mit ihrer „Beitragszahlung" ihre eigene Rente aufbauen. Indessen bezahlen sie damit nur die Renten der gegenwärtigen Rentner. Für sich selbst können sie nur durch Kinder sorgen. Diese Illusion hat zum Geburtendefizit in Deutschland beigetragen und die Politik tut bisher noch recht wenig, um sie zu erschüttern.

Umschulung, Weiterbildung
Eine der Aufgaben, die sich die staatliche Arbeitsverwaltung unnötigerweise und mit fragwürdigem Erfolg angeeignet hat. Die Lehrgangskosten, Fahrtkosten, die Kosten für auswärtige Unterbringung und Verpflegung sowie sogar die Kosten für die Betreuung von Kindern wurden in diesem Fall sozialisiert. Dafür wurden Milliarden verpulvert. Wenn gewiss heutzutage auch „lebenslanges Lernen" notwendig ist, muss dies nicht bedeuten, dass dies nicht aus Eigeninteresse durch die Betroffenen selbst organisiert und finanziert werden kann. Namentlich auch die Unternehmen sind nach dem Subsidiaritätsprinzip gefordert und sie leisten dies auch aus Eigeninteresse heraus in großem Umfang. Den Staat hingegen muss dies (außerhalb seines eigenen Personals, das es allerdings sehr nötig hat) nichts angehen. Entsprechende Milliardenprogramme der „Bundesagentur" lassen sich ohne schmerzliche Wohlfahrtsverluste abschaffen, da das Geld dafür dann in den Taschen der Bürger verbleibt und für nützlichere Zwecke ausgegeben werden kann.

Umverteilung
Das derzeitige Hauptgeschäft der politischen Klasse, namentlich der „Sozialkleptokraten". Gäbe es nicht das aufgeblähte Sozialbudget von derzeit 700 Mrd. Euro, könnte der Deutsche Bundestag gut (wie einige Länderparlamente oder der Schweizer Nationalrat) als Freizeit- oder Milizparlament fungieren. Dann würden z. B. auch Unternehmer sich neben ihrem Job eine politische Laufbahn erlauben können, nicht nur freigestellte Be-

amte, namentlich Lehrer. Von den Spesen, die bei dieser Operation anfallen, leben diejenigen, die dieses Geschäft betreiben. Die moralische Begründung der Umverteilung, soweit sie die Besserverdienenden auch relativ ärmer machen soll, ist dubios und im letzten der reine Neid. Es kann der Punkt kommen, wo die geschröpfte Leistungselite die Lust an der Leistung verliert, auswandert, in die Schattenwirtschaft geht oder lieber Freizeit genießt. Anstelle einer Ethik der Umverteilung im Zeichen von „sozialer Gerechtigkeit" ist es heute Zeit für eine „Ethik des Mehrens". Je größer der Kuchen wird, desto mehr ist für alle „drin". *Nicht Division, sondern Multiplikation* des Sozialproduktes sollte die Parole sein!

Umweltproblem
Ein häufig der Marktwirtschaft ins Konto gesetzte Zerstörung lebenswichtiger Gemeingüter wie z. B. Luft, Wasser, Stille, landschaftliche Schönheit, „Biodiversität" usw. Jedoch gehörten die ehemaligen Kommandowirtschaften, etwa die DDR oder die Sowjetunion, zu den erbarmungslosesten Umweltzerstörern. Hauptgrund für die Verwahrlosung der „Allmende" ist jedoch der Staat, also die Regierungen, die ja die eigentlichen Hüter dieser Güter sind. Die direkte oder indirekte Einführung von Eigentumsrechten – von Marktwirtschaft in dem Sinne – über Umweltzertifikate, -abgaben, -steuern, die Einführung von Schutzzonen, die Einrichtung von Naturparks und die Führung von „Roten Listen" garantieren dagegen eine pflegliche Behandlung der Güter, indem sie deutlich machen, dass diese Güter nicht unendlich sind, sondern einen „Preis" haben. Der Bison in Nordamerika wurde fast ausgerottet, weil er als „freies Gut" angesehen wurde; die anschließend dort grasenden Rinderherden jedoch brauchen sich um ihren Bestand keine Sorge zu machen, da es an ihnen Eigentumsrechte und damit private Eigner gibt, die sie pflegen.
Literaturtipp: Jo Kwong: Die Mythen der Umweltpolitik, St. Augustin 1995.

Unfallversicherung, gesetzliche
„Berufsgenossenschaften" heißen bei uns irreführend die gesetzlichen Unfallversicherer, die seit der Bismarck-Zeit monopolistisch das Geschäft der Prävention, Heilung, Rehabilitation und Versorgung der im gewerblichen Leben Verunglückten betreiben. Strukturell kann auch dieses Monopol den üblichen Nachteilen fehlender Konkurrenz nicht entgehen: Der bestmögliche Leistungszuschnitt ist mangels Wettbewerb als Entdeckungsverfahren nicht bekannt. Die Beiträge können „kostendek-

kend“, d. h. kostentreibend, kalkuliert werden, Unternehmen sind gezwungen, die Leistungen abzunehmen, auch wenn sie nicht den Bedürfnissen entsprechen und vollständig überzogen sind. Wie alle Monopole neigt auch die deutsche Unfallversicherung zur „arrogance of power“ und zur Überschätzung des eigenen Leistungsangebotes, wie die anhaltende Unternehmerkritik belegt. Die Verbesserung der Situation kann hier wie sonst auch die Einführung von Wettbewerb sein sowie zumindest die Teilprivatisierung einiger Bereiche, besonders die Ausgliederung des Wegeunfalls bringen. Ein Monopol, das als eines der letzten nun auch endlich fallen sollte!

„Unsozial“
Generalvorwurf gegen alle Maßnahmen, die versuchen, wieder Bewegung in eine wohlfahrtsstaatlich erstarrte Anspruchsgesellschaft zu bringen. Der sozialpolitische Status quo wird heilig gesprochen und man wehrt sich gegen jede Veränderung, die mit z. B. Einkommenseinbußen, Anspruchsverminderungen, Arbeitsplatzverlust oder -wechsel verbunden ist, auch wenn dies der Gesamtheit und oft genug auch dem Betreffenden mittelfristig nützt. Unproduktive Arbeitsplätze im Unternehmen zu halten (also verdeckte Arbeitslosigkeit zu finanzieren), kann nicht moralische Pflicht sein. Eine Aufhebung des gesetzlichen Kündigungsschutzes ist nicht unsozial, wenn er Arbeitslosen wieder eine Chance gibt; und eine fühlbare Selbstbeteiligung in der Krankenversicherung führt zu einem pfleglicheren Umgang mit knappen Gütern, ja sogar mittelfristig zu einer Beitrags- oder Prämiensenkung, auch wenn der Patient dafür kurzfristig „Opfer“ zu bringen scheint.

Unternehmer
Die Leitfigur einer modernen Marktgesellschaft, vielfach als „schöpferischer Zerstörer“ dämonisiert (schon in der Antike). Der Unternehmer ist die Person, die die gute Gelegenheit erspäht und zugunsten der Marktgemeinschaft ausnutzt, gesetzt, man lässt ihm billigerweise seinen Unternehmerlohn, gestattet ihm die Verzinsung seines eingesetzten Kapitals und, besonders, auch das Einstreichen der Wagnisprämie, denn nie kann er seiner Sache ganz sicher sein. Der Unternehmer wird vor allem durch die Kostenrechnung, den Wettbewerb, das Eigeninteresse, Gesetz und Geschäftsmoral kontrolliert (es gibt auch einen „Reputationswettbewerb“!). „Stark“ kann er nur werden, wenn er seinen Mitmenschen nützliche Dienste erweist. *Nicht er, sondern der Kunde ist der eigentliche „Ar-*

beitgeber". Auch der Arbeitnehmer ist in einer Marktgesellschaft insoweit Unternehmer, als er unternehmerisch seine Fähigkeiten zu Markte tragen muss, sie bestmöglich einzusetzen hat. Gegenfigur zum Unternehmer ist der „Unterlasser" – speziell der Rentenbezieher, der jederzeit sein Auskommen und sein Behagen hat, nicht durch Ambition und Aussicht auf Gewinnchancen vorwärts getrieben wird.
Literaturtipp: Unternehmerinstitut der ASU e.V.: Der selbständige Unternehmer. Seine Bedeutung und sein Ethos, Bonn 1993.

Utopie
Ein in sich konsistentes ideales Leitbild für eine Gesellschaft. Utopie kann zweierlei bedeuten: *Erstens* ein realisierbares Ideal, das weit von der derzeitigen Wirklichkeit entfernt ist, wie z. B. Ludwig Erhards Entwurf einer „Sozialen Marktwirtschaft", bevor er sie teilweise umsetzte; *zweitens* kann es sich um eine unrealisierbare Phantasterei halten, einen frommen Wunsch weltfremder Intellektueller. Soweit sie realisierbar sind, sind Utopien ein Ansporn, erwecken Begeisterung und Orientierung. Der untergegangene Sozialismus war dagegen eine Utopie, die umso mehr Schaden stiftete, als ihre Realisierung versucht wurde. Es ist zivilisationsfeindlich, bewährte Institutionen wie Eigentum, Familie, Markt und moralische Traditionen insgesamt abzuschaffen und durch eine künstliche Wirtschaftskonstruktion mit „neuen Menschen", geführt von einer allmächtigen technokratischen Elite, an ihre Stelle zu setzen. Eine positive, da realisierbare Utopie bietet z. B. der Idealstaat des Aristoteles oder die „Große Gesellschaft" von Adam Smith, in jüngerer Zeit: „Die Verfassung der Freiheit" von Friedrich August von Hayek.
Literaturtipp: Gerd Habermann: Müssen Utopien sozialistisch sein?, in: Ordo, Jahrbuch für die Ordnung von Wirtschaft und Gesellschaft, Bd. 55, S. 99–126.

V

Verbraucherschutz
Eine fragwürdige neue Filiale staatlicher Eingriffe, über den selbstverständlichen Gesundheitsschutz (Lebensmittelgesetz, Arzneimittelgesetz u. a.) hinausgehend. Es geht hier darum, die Rechtsposition des Verbrauchers gegenüber dem angeblich „strukturell" überlegenen Anbieter zu stärken. Diese Schutzpolitik übersieht, dass in einer Marktwirtschaft Wettbewerb, Eigeninteresse, Haftung, Markenpolitik usw. der stärkste Verbraucherschutz sind und es solcher zusätzlicher Eingriffe nicht bedarf. Der Verbraucherschutz geht

leicht in eine *Verbraucherverdummung* über, wenn gewisse negative Erfahrungen im Umgang mit Produkten nicht mehr gemacht werden dürfen, auf gewisse Risiken seitens des Verbrauchers nicht mehr eingegangen werden kann. Dies betrifft z. B. die jüngsten Reglementierungen bei Haustürgeschäften, Gewährleistungsfristen, Reisen, bei Mietverhältnissen, im Fernunterricht. Angreifbar ist der Verbraucherschutz auch dort, wo es um erzieherische Maßnahmen geht: Werbeverbote und drastisch warnende Aufschriften bei Tabakprodukten, demnächst vielleicht auch bei Süßwaren, Alkohol usw. Auch die staatliche Drogenpolitik kann fragwürdig sein, wenn sie über den Jugendschutz hinausgeht. Für die Definition seines Glückes ist jeder selbst zuständig und jeder hat auch das Recht zur Selbstschädigung, wenn er dadurch nicht Dritten Schaden zufügt. *Wie sieht es übrigens mit dem „Verbraucherschutz" gegenüber verlogener Politikerpropaganda aus?* Oder gegenüber minderwertig angebotenen öffentlichen Gütern (Bildungswesen) oder Bankrotteurswirtschaft in der sozialen Sicherung?

Vermögensteuer
Typisches Instrument der Neidbesteuerung auf schon einmal versteuertes Einkommen, ähnlich wie die Erbschaftsteuer. Sie wird zurzeit in Deutschland nicht erhoben, aber ihre Wiedereinführung wird in linken Wahlprogrammen gefordert. Es geht bei ihr nicht darum, einen besonderen Staatszweck zu finanzieren, sondern eingestandenermaßen nur um die Verminderung des Vermögens wohlhabender Bürger. Auch Sachvermögen, wie wertvolle Teppiche, Schmuck usw. fallen unter diese Steuer. Damit es speziell die „Besserverdienenden" trifft, gibt es meistens Freigrenzen. Von Notzeiten wie nach 1945 abgesehen (Lastenausgleichsabgabe 1948) handelt es sich hier um eine reine Raubsteuer. Sie ist moralisch nicht zu begründen und kulturpolitisch wie volkswirtschaftlich schädlich. Dass ein Nachbar entschieden mehr hat als man selbst, sollte nicht einen Titel dafür hergeben, ihm das, was er nach Meinung von Zeitgenossen zu viel hat, mit Staatshilfe wegzunehmen. Ist dieses Prinzip einmal anerkannt, gibt es kaum noch Grenzen für die Beraubung. Wie sagte der heilige Augustinus? *Ohne Gerechtigkeit ist ein Gemeinwesen nur eine große Räuberbande!* Jeder hat im marktwirtschaftlichen Deutschland die Chance, ein eigenes Vermögen zu erwerben. Er braucht dazu nur: Ethos, Initiative, harte Arbeit, Ehrgeiz und eine intakte Familie.

„Verschämte Armut“

Es gibt Bürger, die lieber kümmerlich dahinleben als einen staatlich gestützten Anspruch auf die Gelder ihrer Mitmenschen zu erheben und im Übrigen zu stolz sind, vor subalternen Beamten ihre Vermögensverhältnisse darzulegen. Da dies die Sozialklientel des Staates vermindert, fährt dieser seinen Propagandaapparat gegen „verschämte“ Armut auf, ja organisiert sogar ein Beobachtungssystem (über Briefträger, etwa: Schweden), um die Betroffenen dazu aufzumuntern, „Sozialhilfe“ (früher nannte man sie Armenhilfe) zu beanspruchen. „Sie ist dein gutes Recht! Greife nur unverdrossen zu!“

Versicherungspflichtgrenze

Prekäre Kampfgrenze zwischen der freien Privatversicherungswirtschaft und der gesetzlichen Zwangsversicherung. Mit der beliebig manipulierbaren Versicherungszwangsgrenze hat die Regierung das Schicksal einer ganzen privaten Branche in der Hand. In vielen Ländern ist diese Grenze abgeschafft, alle sind direkt vom Staat abhängig gemacht und müssen über ihn für sich vorsorgen lassen. Oft sind diese Systeme auch steuerfinanziert. Der Vorwand für die Aufhebung einer Versicherungszwangsgrenze ist die Ansicht, dass niemand durch fehlende Eigenvorsorge der Allgemeinheit zur Last fallen dürfte. Es ist indessen für keinen respektablen Bürger attraktiv, nach demütigender Bedürftigkeitsprüfung zu den vergleichsweise bescheidenen bis kümmerlichen Sätzen der Sozialhilfe zu leben. Das Eigeninteresse an Eigenvorsorge ist für die meisten Menschen hinreichend stark genug, um einer Verarmung vorzubeugen, wie die Vorsorgepraxis der Selbständigen in Deutschland zeigt. Wenn zudem die Sozialhilfe nicht sonderlich attraktiv ist und man ihren Bezug (bei Selbstverschulden) etwas stigmatisiert, ist der Grund, ihre Hilfe zu vermeiden, psychologisch noch zwingender. Kurz: Ein Zwang ist allenfalls für Geringverdienende vertretbar – und dann auch nicht bei staatlichen so genannten Versicherungen, sondern über Institutionen des Marktes. Selbst Unternehmer haben jedoch bei uns inzwischen das Recht, freiwilliges Mitglied der gesetzlichen Renten- oder Krankenversicherung zu werden. Die bereits geplante „Bürgerversicherung“ würde nur die Vollendung eines Prozesses darstellen, der seit langem in Gang ist.

Versorgungsstaat

Der Versorgungsstaat ist der Todfeind einer freien Gesellschaft, am Ende eine Gefahr für Wohlstand und Freiheit. Alle Bürger werden zu Empfängern staatlicher Transfers oder Hilfsleistungen heruntergedrückt, die einen mehr, die anderen weniger. Gegenwärtig sind es in Deutschland über 50 Millionen. Ein durchorganisierter Versorgungsstaat war der Sozialismus, der Wohlfahrtsstaat hat ähnliche Ideale und treibt auf dessen Strukturen zu. Dagegen steht das Ideal der Selbstversorgung aus Eigeninteresse. Nicht nur bei den täglichen Verbrauchsgütern des Lebens, sondern auch in der Vorsorge gegen die Risiken der Verarmung. Ein „Versorgungsstaat" kollidiert mit der Menschenwürde, die verlangt, dass man erst einmal für sich selbst zuständig ist, und andere Menschen, Politiker besonders, nicht dazu berechtigt sind, dem Bürger diese Zuständigkeit – sein Urrecht – zu entziehen.

Verursacherprinzip

Eine Variante der Haftung: Für die Schäden, die man durch sein Handeln verursacht, muss man aufkommen, für seine Untaten einstehen. Besonders auch im Umweltbereich ist das Verursacherprinzip ein Grundprinzip. *Nur in der Politik ist dieses Prinzip weitgehend aufgehoben:* Der Notenbankchef etwa haftet nicht persönlich für die Schäden, die seine inflationäre Geldpolitik verursacht. So wenig haftet auch der frühere Minister Blüm für die verfehlte, von ihm durchgesetzte Pflegeversicherung über Umlage, deren Nichtfinanzierbarkeit schon damals absehbar war. Auch für die unglaubliche Verschwendungswirtschaft des Staates (vgl. besonders das jährliche „Schwarzbuch" des Bundes der Steuerzahler), für die durch eine fehlerhafte Gesetzgebung verursachte Arbeitslosigkeit haften die Betroffenen nicht. Man sollte die Politiker nach dem Leistungsprinzip bezahlen, auch wenn einige von ihnen auf diese Weise in die Zone der Sozialhilfe abgleiten würden: z. B. 100.000 Arbeitslose zusätzlich bedeuten eine Einkommenskürzung von X Prozent.

Volkskapitalismus

Idee, den Bürgern nahezulegen, ihre Vermögensvorsorge nicht nur über Versicherungen, Sparkonten, Staatsschuldenpapiere und ähnliche Anlagen, sondern auch über den Besitz von Firmenanteilen, namentlich Aktien, zu betreiben. Damit wird Redensarten vom angeblichen „Gegensatz von Kapital und Arbeit" endgültig der Garaus gemacht, indem nämlich „Arbeitnehmer" auch zu Miteigentümern von Unternehmen werden. Dies ist auch der Hauptgrund dafür, warum Gewerkschaften und Sozialisten sich mit diesem Konzept nicht anfreunden können. Sie setzen auf das Konzept „Mitbestimmung ohne Miteigentum" und Haftung. Volkskapitalis-

mus ist in den USA und in England unter Thatcher (Wohnungsprivatisierung!) eindrucksvoll realisiert. Unter Erhard wurde auch bei uns ein Anlauf in diese Richtung unternommen. Zur Realisierung dieses Konzeptes taugt besonders die Privatisierung von Staatseigentum. Denn „Staatskapitalismus“ hat in einer freien Gesellschaft nichts zu suchen. Die Privatisierungen der letzten Jahre unter „Rot/Grün“ waren eher Notverkäufe als von einem sozialökonomischen Konzept getragen. Auch das Staatsvermögen Ostdeutschlands wurde nicht diesem Gedanken nutzbar gemacht.
Literaturtipp: Gerhard Schuler: Durch Partnerschaft zum Erfolg. Eine Perspektive für Mitarbeiter, Unternehmer und Gesellschaft, München 2006.

W

Währung
Heutzutage von fast allen Regierungen monopolistisch ausgegebenes „gesetzliches“ Zahlungsmittel, in der Regel als „Papierwährung“, nur vom Vertrauen der Bevölkerung in die Fähigkeit der Regierung getragen, es knapp zu halten. Das Währungsmonopol ist eines der einschneidensten Staatsmonopole der Geschichte und verdiente eine grundsätzliche Diskussion. Ein gewisser Schutz gegen Währungsmissbrauch liegt im Wettbewerb der staatlichen Währungen, der jedoch durch Devisenzwangswirtschaft u. a. unterlaufen werden kann. Aber auch die Bildung großer Währungsräume (Euro) vergrößert das Risiko des Missbrauchs. Wahrscheinlich ist heute nur eine *Entnationalisierung des Geldes* ein einigermaßen wirksamer Schutz gegen die Versuchung der Regierenden, sich z. B. über Inflation zu entschulden. Dies war der Vorschlag des Nobelpreisträgers Friedrich August von Hayek.
Literaturtipp: Friedrich August von Hayek: Entnationalisierung des Geldes, Tübingen 1977; Roland Baader: Geld, Gold und Gottspieler, Gräfelfing 2004.

„Westen“
Kulturelle Bezeichnung für die durch Griechenland, Rom, Christentum, Feudalismus, Renaissance und demokratischen Liberalismus gewachsene besonders westeuropäische Kultur mit ihren Ausstrahlungen (Amerika, Australien, Neuseeland). Wesentliche Werte dieses Westens sind persönliches Eigentum, Herrschaft des Gesetzes, Freiheit und Persönlichkeitsglaube, Trennung von Staat und Religion, Marktwirtschaft und Demokratie. Nur in einem weiteren Sinn gehört die Welt Russlands und der griechisch-orthodoxen Kirche dazu, die Türkei dagegen keinesfalls.
Literaturtipp: Philippe Nemo: Was ist der Westen?, Tübingen 2006.

Wettbewerb der Systeme
Ursprünglich der Wettbewerb zwischen Kapitalismus und Sozialismus (international, zwischen den Blöcken). Seit dem Zusammenbruch des sozialistischen Weltsystems findet der Wettbewerb vornehmlich innerhalb jedes Staates zwischen der Idee der Freiheit, des Wettbewerbs und des Eigentums („Neoliberalismus“) und der Idee des Zwanges, des Monopols und der Staatsversorgung statt („Sozialnationalismus“). Auch wenn die Kräfte der Freiheit stark sind und mancher fähig ist, aus der Geschichte zu lernen, ist es – in den westeuropäischen Wohlfahrtsstaaten – durchaus noch nicht ausgemacht, welches „System“ mittelfristig tatsächlich das Rennen macht. Ein Triumph des Sozialnationalismus würde freilich den Niedergang beschleunigen und irgendwann Radikalreformen in die andere Richtung notwendig machen.

Wiedervereinigung, deutsche
Politisch glänzend geglückte, ökonomisch und sozial missglückte Zusammenfügung von West- und Ostdeutschland nach dem Zusammenbruch des Sowjetimperiums. Ein auch schon im Westen seit langem überholtes System wurde dem Osten einfach übergestülpt, jede freiheitliche Konkurrenz (flexible Löhne, freieres Sozial-, Arbeits- und Gewerberecht) wurde unmöglich gemacht, die Währungsumstellung zu einem rein sozialpolitischen Kurs vollendete die Katastrophe. Der „Supergau Deutsche Einheit“ ist in der Tat da. Den liebevoll wiederhergestellten Städten Ostdeutschlands fehlt die ökonomische Basis und wird bald auch die biologische fehlen. Die Bevölkerung wandert ab. Gleichwohl wird dies, von mutigen Vorstößen wie z. B. denen von Klaus von Dohnanyi abgesehen, kaum zum Thema, selbst nicht in Bundestagswahlkämpfen. Dies spiegelt die allgemeine Ratlosigkeit und das Erpressungspotenzial der Ostlobby wider, während das Problem weiter wächst.
Literaturtipp: Uwe Müller: Supergau Deutsche Einheit, Berlin 2005.

„Wilder Westen“
Nicht ganz zu Unrecht romantisierte Zone relativer Staatsfreiheit bei der Erschließung des nordamerikanischen Kontinentes. Selten hat Eigeninitiative, auch in politischer Hinsicht, der Glaube an „spontane Ordnungen“ durch ehrgeizige und fleißige Siedler eine solche Rolle gespielt. Was war dagegen die staatsgesteuerte deutsche Ostkolonisation unter den Hohenzollern! Indessen war – von den betrüblichen Kämpfen mit den Indianern, ihrer Entrechtung und ihrem schließlichen Untergang abge-

sehen, wie Tocqueville ihn ergreifend schildert – die Erschließung des „Wilden Westens" eine mustergültige Leistung privater „institutioneller" Unternehmer, die den Gebrauch des Weidelandes, der Bodenschätze und des Wassers arrangierten. Der „Wilde Westen" war friedlicher als dies heute einige westliche Großstädte sind, deren Sicherheit durch Staatspolizei nicht mehr garantiert werden kann. Die Geschichte der Erschließung des amerikanischen Westens durch „genossenschaftliche" Selbsthilfe erinnert an entsprechende Traditionen der Schweiz und an die deutsche Ostkolonisation im Mittelalter.
Literaturtipp: Terry L. Anderson and Peter J. Hill: The not so wild, wild West, Stanford 2004.

Wirtschaftsordnung
Typus der Koordination sozialen Handelns in der Wirtschaft – entweder über freie Koordination in Tauschakten und über Verträge auf der Basis von Eigentum und Wettbewerb (marktwirtschaftliche Ordnung) oder als Zwangskoordination von der politischen Klasse beherrschter Individuen ohne Privateigentum und Knappheitspreise (zwangswirtschaftliche Ordnung, zentrale Verwaltungswirtschaft, Sozialismus). Walter Eucken in seiner „Ordnungstheorie" unterscheidet die freie Verkehrswirtschaft von der zentral gesteuerten Wirtschaft, die man auch Kommando- oder Befehlswirtschaft nennen könnte. Eine zentrale Verwaltungswirtschaft im Kleinen ist die „Eigenwirtschaft" von Haushalten, die – im Unterschied einer nationalen Zwangswirtschaft – auch funktionieren kann.
Literaturtipp: Walter Eucken: Die Grundlagen der Nationalökonomie, 8. Aufl., Berlin 1965; ders.: Grundsätze der Wirtschaftspolitik, 4. Aufl., Tübingen 1968.

Wirtschaftsphilosophie
Alle Ökonomie fußt im Letzten auf der Philosophie vom Wert des Individuums, seiner Freiheit und seinem natürlichen Recht, seine Lage durch Tauschakte zu verbessern. Die kollektivistische Ökonomie geht stattdessen von dem Vorrang des „Kollektiven", den Interessen der „Horde" aus. Das Individuum tritt nur als Glied einer von oben gesteuerten bürokratischen Ordnung in Erscheinung: das Idealbild des Termitenstaates.

Wirtschaftspolitik
Wichtiger Teil der Staatseingriffe in die Wirtschaft. Eigentlich benötigt man keine besondere staatliche Wirtschaftspolitik, wenn man von der

Setzung einiger Rahmendaten für die Infrastruktur absieht. Seitdem es staatliche Wirtschaftspolitik gibt, kämpfen wir mit Wirtschaftskrisen und ist die Wirtschaft unberechenbaren oder irrationalen Eingriffen ausgesetzt. Wirtschaftspolitik ist ein Tätigkeitszweig der allgemeinen Politik, der sich möglichst rasch überflüssig machen sollte. Ein Wirtschaftsminister sollte darüber wachen, dass konsequent die Marktordnung waltet und nicht durch Eingriffe anderer Ressorts unterminiert wird.
Literaturtipp: Walter Eucken: Grundsätze der Wirtschaftspolitik, 4. Aufl., Tübingen, Zürich 1968.

Wohlfahrtsstaat
Wohlfahrtsstaat ist die politische Kunst, die Bürger mit ihrem eigenen Geld vom Staat abhängig zu machen. Diese Kunst wird von der „politischen Klasse“ geschäftsmäßig betrieben. Inzwischen wird in Deutschland weit mehr als ein Drittel des Sozialproduktes umverteilt, geht durch die Hände der Politik. Das Ergebnis dieser Umverteilungsströme ist undurchsichtig und wahrscheinlich äußerst irrational. Der Wohlfahrtsstaat wendet sich nicht an die Bedürftigen, sondern erklärt alle für „bedürftig“ und unterwirft sie seinen Vorkehrungen. Der Wohlfahrtsstaat ist eine ge-

Definition Sozialismus

mäßigte *Variante des Sozialismus* und die größte Gefahr für die freie Marktwirtschaft. Sein Fortschritt ist u. a. deswegen möglich, weil viele Bürger nicht die Tatsache durchschauen, dass Staatsleistungen nur von ihnen selbst finanziert werden können oder mit den Worten Ludwig Erhards: *„Jede Ausgabe des Staates beruht auf einem Verzicht des Bürgers."* Der Wohlfahrtsstaat bricht das Selbstbewusstsein der Bürger und macht sie von fremder Hilfe abhängig, er politisiert das Leben und führt eine Gesellschaft in das „Sozialprotektorat" des Staates.
Literaturtipp: Gerd Habermann: Der Wohlfahrtsstaat. Die Geschichte eines Irrwegs, 2. Aufl., Berlin 1997.

Wohngeld
Das Wohngeld kann als Muster einer vernünftigen Sozialpolitik nach dem Subsidiaritätsprinzip dienen: ein Mietzuschuss für jene Bedürftige, die nicht in der Lage sind, diese Kosten aufzubringen, unter der Voraussetzung, dass der Wohnstandard angemessen ist, in dem sie leben. Diese Direktunterstützung oder *Subjektförderung* kann nach Zahl der Familienmitglieder, nach Familieneinkommen, nach Ausstattung und Alter der Wohnung und nach örtlichen Verhältnissen differenziert werden. Zuständig für Anträge und Entscheidungen sind in der Regel die örtlichen Verwaltungsbehörden, die die besten Kenntnisse der lokalen Verhältnisse haben. Ein kleines Wunder in dem Gestrüpp unserer wirren Sozialpolitik!

„Wucher"
Das Ausnutzen der Notlage eines anderen (z. B. Mietwucher, Kreditwucher) ist umso unwahrscheinlicher, je dezentralisierter und wettbewerbsorientierter eine Gesellschaft ist – und damit auch wohlhabender. Wucher ist immer an eine monopolistische Situation gebunden. Freilich, wer sich durch fehlendes Verhandlungsgeschick oder Ignoranz übers Ohr hauen lässt, ist selbst schuld. Am ehesten ist heute der Staat zu „Wucher" in der Lage, indem er minderwertige oder unerwünschte Leistungen zu hohen Kosten anbietet oder vielmehr den Bürgern aufzwingt. Oder indem er z. B. feierlich verbürgte Ansprüche beliebig streicht, wie sich das kein Privatunternehmen der Erde erlauben könnte.

Z

Zahnmedizin
Es gibt in unserer sozialpolitisch überregulierten Gesellschaft auch den Zwang, sich gegen normalerweise übersehbare und kalkulierbare Kosten wie im zahnmedizinischen Bereich zu

sichern. In sozialpolitisch fortschrittlichen Ländern wie der Schweiz und sogar in Schweden ist dagegen ein Versicherungszwang in dieser Sache nicht vorgesehen. Die Bürger leisten sich komfortable Wohnungen, Autos, Urlaubsreisen – warum sollten sie nicht für geringfügige Zahnreparaturen und selbst für teure Prothetik selbst vorsorgen können? Die Zahnärzte könnten in einem liberalisierten System wieder zu echten unternehmerisch aufgestellten Freiberuflern werden (was sie ja auch seit Jahrzehnten wollen, aber nicht dürfen).

Zukunftsmodell Deutschland

Deutschland wird als starke und geschätzte Nation nur bei Wiederherstellung von Eigentum, Freiheit und Selbständigkeit bestehen können, d. h. mit Überwindung des Wohlfahrtsstaates. Weniger Staat, mehr individuelle Wohlfahrt: das muss die Generalparole der Zukunft sein. Wo diese „Wende" zur Wiederherstellung der Selbständigkeit nicht gelingt, wird vermutlich diese Nation ihr ökonomisches und ihre Sozialkapital mehr und mehr verspielen und vielleicht am Ende durch Auszehrung auch der biologischen Substanz international vom ersten Rang in das Parkett und schließlich auf die Stehplätze des Welttheaters wandern.
Literaturtipp: Unternehmerinstitut der ASU e.V., Zukunftsmodell Deutschland, Berlin 2005.

Zumutbarkeit

Vor allem aus der Arbeitslosigkeit geläufiger Begriff: Wann muss der Arbeitnehmer eine Tätigkeit annehmen und wird bei Weigerung im Gegenzug mit der Streichung von Sozialtransfers bestraft? Dies besonders in Zeiten der Hochlohnpolitik des Arbeitsmarktkartells? Es zeigt sich in diesem Bereich krass der Nachteil einer staatlichen Arbeitslosenversicherung. Bei einer privaten Versicherung würde man die Konditionen so vereinbaren, wie es den Interessen aller Beteiligten entspricht und eine entsprechende Prämie bezahlen. Mit der Politisierung und Schematisierung dieser „Versicherung" durch den Staat kommt abstoßende Willkür in das Verfahren, das in der Tat eine Zumutung ist.

Zwei-Klassen-Medizin

Derzeit in Deutschland ständisch gegliederte medizinische Versorgung mit einem Dualismus zwischen gesetzlich geschützten quasi staatlichen Kassen auf der einen und den (stark regulierten) privaten Versicherungsunternehmen auf der anderen Seite. Das Geschäft der Privatversicherungen darf erst jenseits einer bestimmten, ständig manipulierten Einkommensgrenze einsetzen. Die Auflösung des in der Tat fragwürdigen „Klassen-Verhältnisses“ ist nicht durch eine Zwangslösung für alle („Bürgerversicherung“), sondern nur durch gleiche Wahlmöglichkeiten für alle, d. h. echte Konkurrenz zwischen Privaten und Gesetzlichen bzw. Privatisierung der Letzteren herbeizuführen. Muss man wirklich noch Argumente gegen die Sozialisierung einer Branche vorbringen?

Gerd Habermann: Zur Ökonomie und Sprache des Neides

Die Reformunfähigkeit Deutschlands – von den „Petitessen" der Reformagenda 2010 einmal abgesehen – ist zum Teil auch aus nicht eingestandenen *Neidreflexen* erklärbar. Sozialpolitisch eigentlich kontraproduktive Nulltarife und irrationale Sozialtransfers werden mit großer Verbissenheit verteidigt. Leitbild ist die „Gleichheit", nicht nur vor dem Gesetz, wie sie der Liberale kennt, sondern in der Weise, wie sie der fast einstimmig angenommene Perspektivantrag des SPD-Parteitages in Bochum (November 2003) formulierte. Es ginge nicht nur um „Startchancengerechtigkeit", heißt es dort, sondern um die „*Gleichheit der grundlegenden Lebenschancen für alle Menschen*" – ein direkter Gang in den Totalitarismus, denn wer sonst als der Staat soll diese Lebenschancengleichheit durch umfassende Kontrolle der privaten Lebensumstände, ja durch die Abschaffung der Privatsphäre herbeiführen?

Der *destruktive* Neid tritt meistens verhüllt zu Tage. Er ist bestrebt, sich in Form von moralisierenden Theorien zu rechtfertigen. Dazu gehören im besonderen die Lehren von der „sozialen Gerechtigkeit" oder faktischen Gleichheit, im Sozialismus wie auch in seiner „gemäßigten" Tochter, im Versorgungs- oder Wohlfahrtsstaat des Westens. Noch niemandem ist es gelungen, objektiv zu definieren, was „soziale" Gerechtigkeit – etwa im Unterschied zur adjektivlosen, „einfachen" Verfahrensgerechtigkeit des Marktes – sein soll. Friedrich August von Hayek schrieb: „*Die völlige Inhaltslosigkeit des Begriffs ‚soziale Gerechtigkeit' zeigt sich an der Tatsache, dass es keine Übereinstimmung darüber gibt, was soziale Gerechtigkeit im Einzelfall erfordert; dass ferner keine Kriterien bekannt sind, nach denen entschieden werden könnte, wer Recht hat, wenn die Leute verschiedener Ansicht sind....*"

Neid ist ein Laster

Neid ist in jedem Fall kein edles Motiv. Er ist vielmehr ein *Laster*. Aber er kann produktive wie zerstörerische Auswirkungen haben. Der erste Fall tritt ein, wenn der Neid sich in schöpferische Leistungen umsetzt. Meistens aber geht der Neid auf das Schädigen und die Entmutigung des (erfolgreichen, gesunden, glücklichen) Anderen aus. Das Ziel ist erreicht, wenn der Glückliche sein Glück als „unverdient" empfindet und darüber unglücklich wird; *wenn er sich für seinen Erfolg zu entschuldigen sucht*, sich schließlich vielleicht selbst zu einem „Missbrauch" erklärt wie der unglückliche Reformkönig Ludwig XVI. Im Extremfall flüstert ihm der zerstörerische Neid zu: *„Fühle dich schuldig, schäme dich, denn andere, die unter dir geblieben sind, beneiden dich. Du bist an diesem Neid schuldig, du stürzt sie durch dein bloßes Dasein in die Sünde. Wir brauchen die Gesellschaft der Gleichen, damit niemand neidet"* (Helmut Schoeck). Also nicht der Neidische soll sich zähmen, überwinden und Nächstenliebe pflegen, sondern sein Opfer soll sich ändern – nach unten hin, dem Maßstab des Neides zuliebe. Diese Suggestion hat im Jahrhundert des Sozialismus ihre mürbemachende Wirkung besonders auch auf die unternehmerische Elite nicht verfehlt. Es gibt Unternehmer, die ihre gegenwärtige, z. T. schikanöse Fesselung durch ein feingesponnenes Sozial-, Arbeits- und Fiskalrecht für notwendig erklären. Nur so mache man die unternehmerische Existenz „sozialverträglich", meinen sie.

In einer echten Marktwirtschaft wird der Neid zu einer bösen Kraft, die Gutes schafft. Er wird sozusagen sozial dienstbar gemacht für das Allgemeinwohl. Neid, Missgunst oder Rachsucht: man kann sich auf Märkten nur durch *Leistungen für andere* – die Kunden – voranbringen, indem man Wettbewerber durch bessere Angebote überflügelt. Es kann hier heißen: *privates Laster, öffentlicher Vorteil.* Der Markt setzt zu seinem Funktionieren weder Helden noch Heilige voraus. Der „Gewinn" ist eine Anerkennung der Konsumenten, die mit ihren Ausgaben über den Wert der angebotenen Leistungen abstimmen – den Wert für *Konsumenten*, wohlgemerkt; denn für die Konsumenten ist die Marktwirtschaft da. Gibt es hier wirklich Gerechtigkeitsprobleme, wenn jeder nach seinem Beitrag zur Wunscherfüllung seines Nächsten belohnt wird?

Der Wettbewerb ist aristokratisch

Aber eben der Wettbewerb als „auslesende" Einrichtung ist den Neidhammeln der „sozialen Gerechtigkeit" und „Solidarität" schon verdächtig. Selbst wenn der Sieger „groß" nur durch den Dienst am Nächsten werden kann und von dessen Neigungen immer abhängig ist, bleibt er doch Sieger und genießt eine Prämie, welche die zurückgebliebenen nicht ebenfalls genießen können. Sie brandmarken Wettbewerb nun als „sozialen Darwinismus" oder „Ellenbogengesellschaft". In Wirklichkeit können nur wettbewerblich organisierte Gesellschaften auch für Hilflose – „sozial Schwache" – so viel erübrigen, dass Armut als Massenerscheinung praktisch verschwindet, während eine Gesellschaft ohne Wettbewerb sie wieder heraufführt, um sie dann zu verwalten. Georg Simmel schrieb sogar einmal: *„Der Konkurrenz gelingt unzählige Male, was sonst nur der Liebe gelingt: das Ausspähen der innersten Wünsche eines anderen, bevor sie ihm noch selbst bewusst geworden sind. [...] die moderne Konkurrenz, die man als den Kampf aller gegen alle kennzeichnet, ist auch zugleich der Kampf aller um alle."*

Die Praxis der *sozialen* Gerechtigkeit läuft auf möglichst viel Gleichheit, bewirkt durch umverteilenden Zwang, hinaus. In einer Karikatur aus einer Zeitschrift des 19. Jahrhunderts, den „Fliegenden Blättern", sieht man einen Kommunisten mit einem Bürgersmann im Gespräch. Der Bürgersmann sagt: „Ja, du redest immer von Gleichheit und Güterteilen, allein ich setze den Fall, wir haben geteilt, und ich, ich spare meinen Teil, doch du verschwendest den deinigen, was dann?" Der Kommunist antwortet: „Ganz einfach! *Dann teilen wir wieder.*" (s. oben S. 127)

Neidbeschwichtigungsökonomie

Unser Versorgungsstaat versucht, den Neid durch umfassende Umverteilung zu beschwichtigen. Wohlfahrtsökonomie ist Neidbeschwichtigungsökonomie („kleinstmöglicher Neid der größten Zahl"). Die Neidökonomie des Wohlfahrtsstaates drückt sich vor allem in der Forderung nach *Chancen-*, womöglich *Ergebnis*gleichheit aus. Ihr Hauptansatz ist eine progressive Steuerpolitik, eine möglichst progressive Staffelung der Sozialbeiträge, eine saftige Erbschafts- und Vermögenssteuer, um an die Substanz zu kommen, und das Angebot möglichst vieler „öffentlicher Güter" zum Null- oder Sozialtarif. Es gab im klassischen Neiderstaat Schweden Progressionssätze von 90 Prozent und darüber – und dies schon von relativ niedrigen Einkommensstufen ab, so dass das Durchschnittseinkommen schließlich zu mehr als zwei Dritteln aus Sozialtransfers bestand. *Progression* heißt: Der Erfolg wird durch Besteuerung bestraft. Andererseits wird der Misserfolg durch soziale *Transfers* belohnt. Die Begründung dieser Progression ist dubios: Man soll für öffentliche Güter nach seiner *Leistungsfähigkeit* bezahlen. Das wäre auf dem Markt so, wie wenn in einem Geschäft die Preise nach dem Einkommen des Kunden gestaffelt wären. Hinzu kommt die ebenfalls fragwürdige Theorie vom relativen Opfer. Es werden hier sozusagen Peters relativ größere Freuden mit dem relativ kleineren Leid von Pauls „Opfer“ verrechnet – ein interpersoneller Nutzenvergleich, der sachlich undurchführbar ist.

Die Gießkannensozialpolitik als Ausdruck des Neides

Die Neidökonomie findet sich wieder in der Gießkannensozialpolitik, wie sie z. B. in der Bildungswirtschaft praktiziert wird, die durch das kostenlose Angebot von Ausbildungsleistungen für *alle* ohne Bedürftigkeitsvoraussetzung, nur eine Filiale der Sozialpolitik darstellt. Ebenso auch in staatlicher Kulturpolitik, durch „soziale“ Tarife z. B. beim Theaterbesuch. Was steckt dahinter? Um eine „Stigmatisierung“ des Einzelnen, der öffentliche Mittel beansprucht, zu vermeiden, werden Nulltarife für alle, auch für die Wohlhabenden verordnet. So wird – um der Neidbeschwichtigung willen – sogar eine *Umverteilung von unten nach oben in Kauf genommen.* Auch Wohlhabende bekommen z. B. ein Studium geschenkt und dürfen einen hochsubventionierten Platz in der Oper einnehmen. Die Progressionswirkung der Steuer wird damit teilweise aufgehoben. Besonders auffällig ist diese Umverteilung in der Gesetzlichen Krankenversicherung, wo das Sachleistungsprinzip (ein Prinzip des Armenrechts!) ebenso für den armen Hilfsarbeiter wie für den Generaldirektor mitsamt seiner Familie gilt. Alles umsonst – jeder nach seinen Bedürfnissen und jedenfalls alle gleich.

Fragwürdige „Antidiskriminierung“

Auch die so genannte *Antidiskriminierungsgesetzgebung* zeigt das hässliche Gesicht des Neides, ein „politisch korrektes“ Streben nach unbedingter Egalität: Es geht hier nicht um die rechtsstaatliche Nichtdiskriminierung, sondern um das Verbot, jemanden zu bevorzugen, der nach Meinung der „politisch korrekten“ Egalitarier sowieso schon bevorzugt ist, z. B. ein Inländer gegenüber einem Ausländer, der Mann gegenüber der Frau, der Vermögende gegenüber dem Armen, oder – wie es jetzt im Verfassungsvertragsentwurf des Europäischen Konventes mit einiger Vollständigkeit heißt: Geschlecht, Rasse, Hautfarbe, ethnische oder soziale Herkunft, genetische Merkmale, Sprache, Religion, Weltanschauung, politische Anschauung, Zugehörigkeit zur nationalen Minderheit, Vermögen, Geburt, Behinderung, Alter und sexuelle Ausrichtungen seien Ansatzpunkte der „Diskriminierung“ – eben in diesem weiteren Sinn.

Dies bedeutet in seiner praktischen Auswirkung nichts anderes als die *Abschaffung* der Vertragsfreiheit. Besteht die Freiheit nicht gerade darin, dass man seinen Präferenzen durch Vertragsabschlüsse Ausdruck geben darf? Diskriminiere ich einen schlecht bezahlten Blues-Sänger, wenn ich lieber einen besser bezahlten Opern-Sänger höre? Ist die Wahl einer bestimmten Zahnpasta oder einer Marmelade „diskriminatorisch" für alle anderen Marken? Diskriminiert der Kauf eines Autos die Anbieter von Bus und Bahn? Ist eine kleine liberale Partei diskriminiert, wenn sich die Wähler eher für eine große Massenpartei entscheiden?

Exemplifizieren wir dies einmal für das Arbeitsrecht. Wenn jemand aus persönlichen Gründen einen Katholiken einem Protestanten als Mitarbeiter vorzieht, lieber mit Farbigen als mit Weißen, lieber mit Ausländern als mit Einheimischen oder lieber mit Frauen als mit Männern arbeitet (oder natürlich auch umgekehrt), so soll diese Wertentscheidung für die jeweils anderen „diskriminatorisch" sein. Es soll der Arbeitgeber gezwungen werden, bestimmte Personenkategorien bevorzugt einzustellen, eine politische Veranstaltung zur Zwangsverbrüderung sozusagen. Dies ist mit einem Rechtsstaat unvereinbar. Wenn ein Unternehmer z. B. auch gegen alle Wirtschaftlichkeit lieber mit einem „teuren" einheimischen als mit einem „billigen" Ausländer (oder umgekehrt) zusammenarbeitet, so ist dies seine Sache und er muss die Nachteile dieser Option selbst tragen. Der Wettbewerb wird dafür sorgen, dass der Ausgeschlossene woanders Verwendung findet. Schädlich für die betroffenen Gruppen wäre in dieser Situation nur ein Nachfragemonopol seitens der Arbeitgeber. Es ist auch moralisch-rechtsstaatlich vollkommen in Ordnung, wenn es exklusive Frauencafés oder Studentenverbindungen nur für Männer gibt, solange diese nicht durch Staatszwang gestützt werden. Politisch erzwungene Quotenregelungen aller Art, EU-Gleichstellungsrichtlinien zugunsten der Frauen usw. sind darum eine politische Anmaßung, eine in einer freien Gesellschaft nicht zu duldende Einschränkung des Grundsatzes der Vertragsfreiheit – und dahinter steckt nichts als der Neid!

Neid und Familie

Neuerdings hat die Neidökonomie auch die *Familie* erreicht. Der „Kollektivegoismus der Familie" ist seit jeher ein Dorn im Auge der Egalitarier. In der Familie werden Vorteile, Besonderheiten, Vorzüge und Positionsgüter weitergegeben, welche die Neidegalitarier für „ungerecht" erklären. Familien bilden ein kulturelles Kleinklima und eine wirtschaftliche Sonderzone. In allen großen Utopien der politischen Philosophie ist darum die Familie mehr und weniger aufgelöst, von Platon bis zu Karl Marx und darüber hinaus zur „Schönen Neuen Welt". Wie drückt sich im Versorgungsstaat Deutschland die Neidpolitik gegen die Familie aus?

Nach den Idealen gegenwärtiger Familienpolitik soll die Familiengründung, die Elternschaft möglichst wenig „kosten". Zugrundegelegt wird ein neidvoller Vergleich mit dem „Single", der sich einen höheren Lebensstandard erlauben kann als jemand mit Familie. In diesem materialistischen Vergleich werden die Vorteile des Kinderhabens nicht in Anschlag gebracht. Das Kind wird als „Opfer" für die Allgemeinheit angesehen, für welches es einen Kompensationsanspruch gegen den Staat, den Steuerzahler, gibt. Als neuester Schlager im Wettbewerb um die Schwächung der Familiensolidarität ist sogar von bürgerlichen Parteien ein stattliches „Elterngeld" ins Rennen geschickt worden. Die Kosten der Familie werden in dieser Weise sozialisiert, sie wird durch den Staat ihres Sinnes als unabhängiger Selbsthilfegemeinschaft beraubt. Mutter und Vater werden bezahlte Staatsfunktionäre zu Reproduktionszwecken. *Mein Kind – deine Ausgabe!* Nach Berechnungen des Instituts für Weltwirtschaft in Kiel werden gegenwärtig bereits ca. 50 Prozent der Kinderkosten durch die Allgemeinheit getragen. Da sind Kindergelder, Erziehungsgelder, sogar Baukindergelder, da ist die Familienprämie in der gesetzlichen Krankenversicherung, da sind die verstaatlichten Ausbildungskosten – *da sind die Milliardenprogramme der Regierung zur Schaffung von staatlichen Familienersatzeinrichtungen.*

Bekämpfung regionaler Unterschiede

Neidökonomie drückt sich ebenso im Anspruch der Bundes- und Landespolitik aus, durch Finanzausgleich zwischen den öffentlichen Körperschaften (Bund, Länder, Kommunen) möglichst einheitliche Lebensverhältnisse, wenigstens ein etwa gleichwertiges Angebot an öffentlichen Gütern herzustellen. Es geht auch hier dabei nur um eine *vordergründige* Ökonomie, die nichtmonetäre Vorteile (z. B. hohe Umweltqualität, landschaftliche Schönheit des Standortes) nicht in Betracht zieht und jedenfalls erfolgreiches Handeln im öffentlichen Teil der Wirtschaft durch Umverteilung bestraft, Misserfolge dagegen belohnt. Bekannteste Beispiele für das „Leben auf Kosten anderer" sind die Bundesländer Bremen, das Saarland und besonders Berlin.

Eigenartige Definition der Armut

Es wird heutzutage eher akzeptiert, dass alle gleich arm, als dass alle wohlhabend, aber darunter einige wohlhabender als andere sind. Der Begriff „Armut" wird vom Neid so definiert, dass als „arm" gilt, wer über weniger als das Durchschnittseinkommen verfügt. Man kann nach dieser Definition also sehr reich und gleichzeitig relativ arm sein. So gibt es *immer* Grund für Neid, denn einige werden immer am Fuß der Leiter stehen. Die Armut wird nie besiegt, die Unzufriedenheit mit den Ergebnissen der Marktwirtschaft wird ewig andauern, so leistungsfähig sie auch sein mag – und wenn alle Millionäre wären!

Der Krieg gegen die Reichen

Eines der sträflich vernachlässigten Kapitel der Sozialgeschichte, so bemerkte einmal George Gilder, ist die Feindschaft der Gesellschaft gegenüber ihren größten Wohltätern. Auf allen Kontinenten und zu allen Zeiten wurden die Menschen, die sich als Schöpfer des Volkswohlstandes hervortaten, mit der härtesten Grausamkeit verfolgt. Beispiele aus der jüngsten Geschichte sind das Hinschlachten der Armenier in der Türkei, die Judenvernichtung in Deutschland, die Ausrottung und Vertreibung der Ibos im Norden Nigerias, die Verfolgung der wirtschaftlich Erfolgreichen durch die Roten Garden in China, die Tötung von fast einer Million Auslandschinesen in Indonesien, die Massaker unter den Weißen und Indern in Uganda, ihre Enteignung und Vertreibung aus Tansania und neuerdings Simbabwe und die Ermordung und Internierung der Biharis in Bangladesh. In bester Erinnerung ist auch noch, dass gegen Ende der siebziger Jahre ein Großteil der Elite Kubas und Südostasiens ins offene Meer getrieben wurde. Überall nehmen die Grausamkeiten zu und die Leichenberge wachsen an in dem unablässigen Kampf der Neider gegen die angeblich so gefährlichen Reichen, die Krämer, die Geldverleiher, Großhändler, Zwischenhändler, die Unternehmer schlechthin. Gleichzeitig steigt aber auch die Millionenzahl der Opfer unnötiger Armut und Hungersnot.

Die Wirtschafts-, Finanz- und Sozialpolitik der vormals regierenden Linkskoalition sowie der gegenwärtigen Großen Koalition ist besonders stark von nicht eingestandenen Neidmotiven beherrscht. In der Sozialpolitik hat eine Rückwärtswendung stattgefunden, die selbst die zahmen Liberalisierungen der Regierung Kohl korrigiert hat (die Gesetzgebung in Sachen Lohnfortzahlung, Scheinselbständigkeit, Kündigungsschutz, Minijobs usw.). Diese Korrekturen wurden inzwischen – unter Problemdruck und nur zögernd – großenteils zurückkorrigiert. Auch bei der stark umkämpften Novellierung des Betriebsverfassungsgesetzes ging es um mehr Gleichheit. Es sollen *überall* Betriebsräte gebildet, eine betriebliche Einheitsverfassung für Deutschland auch für den Mittelstand durchgesetzt werden.

Deutschland steht freilich international nicht an der Spitze der durch Neidpolitik behinderten Nationen: Schweden liegt immer noch mit Abstand vor ihm und überhaupt alle Nationen, die sich hohe Staats- und Abgabenquoten erlauben – diesen in Friedenszeiten sicheren Indikatoren des Neides. Jedoch besteht eine Korrelation zwischen dem Ausmaß individueller Freiheit – also der Nichtgleichheit – und dem Wohlstand.

Wiedervereinigung und Neid

Auch die wirtschaftliche und soziale Wiedervereinigungspolitik nach 1990 ist durch Neidmotive mitcharakterisiert. So sollte es keine Niedriglohngebiete geben, keine wirtschaftliche Konkurrenz aus dem Osten entstehen. Dieses Ziel wurde erreicht, indem durch die Währungsunion zu fragwürdigen Umstellungsrelationen und durch die Politik des Arbeitsmarktkartells der Osten schulterzuckend plattgemacht, zumindest der verbliebenen komparativen Vorteile beraubt wurde. Gleichzeitig wurden die wohlfahrtsstaatlichen Standards des Westens in vollem Umfang auf den Osten übertragen. Dies war die Politik, die die Folgen der wirtschaftlichen Wiedervereinigung zu einer Erblast gemacht hat.

„Chancengleichheit“ – eine zerstörerische Utopie

„Chancengleichheit“, wenn sie mehr bedeuten soll als die *Gleichheit vor dem Gesetz*, ist eine *zerstörerische Utopie*. Geographische, kulturelle, zeitliche (zwischen den Generationen), familien-, begabungs-, gesundheits-, charakterlich bedingte Unterschiede sind entweder prinzipiell nicht zu beseitigen, oder nur um den Preis einer totalitären Zwangsordnung, die nun wieder extreme *politische* Ungleichheiten mit ihren Folgen heraufführen muss. „Chancengleichheit“ kann es bei näherer Betrachtung *nur als Gleichheit vor dem Gesetz* geben. Der Spanier Gonzalo Fernandez de la Morá schreibt in seinem lesenswerten Buch über den Neid: *„Die Chancengleichheit gibt es nicht und das ganze politische Problem beschränkt sich auf die Regulierung der Ungleichheiten, ohne den Trieb zur Selbstverwirklichung zu beengen, der das Edelste im Menschen ist, die mächtigste Triebkraft der Geschichte und das Heilmittel gegen den Neid.“*

Wie soll man im Übrigen Vor- und Nachteile miteinander verrechnen? Wie will man es beispielsweise rechtfertigen, einem Kinde, das von seinen Eltern zwar eine schwache Gesundheit, aber dafür in Kompensation wenigstens bessere materielle Bedingungen des Lebenskampfes geerbt hat, auch diese noch zu nehmen? Sollen die anderen nicht froh sein, einen gesunden Magen, ein kräftiges Herz oder eiserne Nerven geerbt zu haben? Soll man die erschlaffende Wirkung eines über Generationen genossenen Wohlstandes verrechnen mit den Antrieben, die armselige Staatsverhältnisse einem ehrgeizigen Self-Made-Man bieten mögen? Im Übrigen wird, sollte es wirklich die „gleichen Startchancen" geben, den auch dann noch Zurückbleibenden die ihr Selbstgefühl schonenden Möglichkeit genommen, die Schuld der „sozialen Ungerechtigkeit" oder „niedrigen Geburt" zuzuschieben. Erst bei gleichen Startchancen werden die geistigen oder charakterlichen Schwächen der überwiegenden Mehrzahl der Durchschnittlichen und Unterdurchschnittlichen mit brutaler Nacktheit als Ursache des verlorenen Rennens enthüllt. Man müsste die menschliche Seele schlecht kennen, wenn man glauben wollte, dass diese Enthüllung nicht als ein schweres Gift auf sie wirken muss. So Wilhelm Röpke einmal in seinem „Jenseits von Angebot und Nachfrage".

Gerade kleine Unterschiede fördern den Neid

Die Politik der Neidbeschwichtigung („kleinstmöglicher Neid der größten Zahl") ist schon allein deswegen aussichtslos, weil nicht die ganz großen, sondern eher die *kleinen* Unterschiede den Neid fördern, wie schon Alexandre de Tocqueville beim Vergleich der Monarchie mit der modernen Demokratie betont hat. Am lautesten ruft der Mensch nach Neuverteilung, wenn es fast nichts mehr zu verteilen gibt. Revolutionen brechen nicht dann aus, wenn die Unterschiede zu groß, sondern wenn sie kleiner geworden sind, nicht, wenn die Regierungen stark, sondern wenn sie schwach sind: die Auflehnung gegen sie und ihr Sturz sind nur eine Sanktion ihrer Schwäche.

Woher die Feindschaft vieler *Intellektueller* gegen die Marktwirtschaft, die von ihr hervorgerufene Ungleichheit? Sie erklärt sich daraus, dass Intellektuelle häufig bei ihrem traditionellen Anspruch geistiger Überlegenheit als Sinndeuter der Nation („Die Arbeit tun die anderen" – Helmut Schelsky) im Unterschied zum Sozialismus nicht automatisch die bestbezahlten Stellen der Gesellschaft und dominierende Leitungsfunktionen zugewiesen bekommen, sondern dies nur über die harte Auslese des Wettbewerbs durch nützliche Dienstleistungen für den in ihren Augen „ungebildeten“ Durchschnitts-Konsumenten zu erreichen ist. Ein hochmütiger Ekel der „Sinndeuter“ vor dem Markt, der auf ihre Herrschafts- und Erziehungsansprüche keine Rücksicht nimmt, sondern jeden Konsumenten als Souverän ansieht, der mit seinem Euro und jedem Cent über das abstimmt, was er selbst aus eigenem Urteil für nützlich hält. *Ohne Bevormundung*! Diese Art *Égalité* mögen viele Intellektuelle eben nicht.

Entneidung?

Aus alldem folgt, dass es *unmöglich ist, eine neidfreie Gesellschaft herbeizuführen*, durch Gesellschaftspolitik die Menschen zu „entneiden“. Vielmehr ist die Gleichmachungspolitik ein Anschlag auf das edelste Motiv des Menschen: Das Streben nach Se lbstverwirklichung. Denn jeder bringt sein eigenes Programm mit und hat ein natürliches Recht darauf, seine besonderen Begabungen und Talente zu entwickeln – mit natürlicherweise ungleichen Ergebnissen. Gerade diese Tatsache bringt in einer Marktwirtschaft den Reichtum, die Vielfalt und das Glück hervor.

Marktwirtschaft und Wettbewerb lenken den an sich negativen Neid in produktive Richtungen. So gibt es Möglichkeiten, den Neid einerseits zu bekämpfen, andererseits zu neutralisieren, ja für die Allgemeinheit nutzbar zu machen. Ein Weg ist, den Korridor der Marktwirtschaft möglichst weit auszudehnen, die Staatswirtschaft dagegen möglichst zu reduzieren. Auch dann gäbe es noch den Neid. Aber er fände nicht die Mittel, den Konkurrenten – wie im Sozialismus – ins KZ oder auf den Archipel Gulag zu senden oder ihn materiell auf einen Schlag oder nach und nach zu enteignen.

In den USA kam den Erfolgreichen die religiöse Auffassung der Calvinisten zugute: Wenn du am Markt Erfolg hast, ist dies ein Zeichen, dass du zu den „Gerechten“ vor Gott gehörst. Über dieses „Kapital“ können wir in Mitteleuropa nicht verfügen. Auch wird man dem „kapriziösen Glück“ seine Rolle zugestehen müssen. Nicht jeder große wirtschaftliche Erfolg ist auch in dem Sinne „verdient“, dass er propor tional zu den Anstrengungen steht, die er gekostet hat. Andererseits kann auch größte subjektive Anstrengung zum Misserfolg führen, wenn man den Interessen der Verbraucher nach *deren* Meinung nicht genug genützt hat. Es gilt auf Märkten das Sprichwort: *„Der Köder muss dem Fisch und nicht dem*

Angler schmecken." Wenn man die anonymen Abstimmungsmechanismen der Märkte abschafft, bleibt zur Entscheidung nur die Willkür einzelner, bevorrechtigter Menschen übrig. Der Unternehmer, der aus Elend und Unzufriedenheit seiner Mitarbeiter Lustgewinn zieht, wird im Übrigen auf einem freien Arbeitsmarkt niemanden finden, der für ihn arbeitet. Der neidische bzw. missgünstige Produzent und Unternehmer wird sich besser verhalten müssen, als er ist.

Ein anderes Sprichwort sagt: „*Mitleid bekommt man geschenkt, Neid muss man sich verdienen.*" Ein guter Satz! Schön wäre es, wenn dieser „verdiente Neid" zum Ansporn für andere würde, ohne Appell an Staatszwang und Umverteilung, die erfolgreicheren Mitmenschen zu übertreffen. Wer jedoch keine Neider hat, hat Anlass zur Sorge.

(Überarbeitete Fassung eines in „Cicero" 2004 erschienenen Essays.)

Stephen Holmes: Die Entstellung der Begrifflichkeit

(aus: Die Anatomie des Antiliberalismus, Hamburg 1995)

Die Antiliberalen reißen das liberale Denken nicht nur aus seinem Zusammenhang, sondern erfinden sogar einen Kontext, der die Bedeutung der liberalen Grundsätze verfälscht. Den Schlußstein des antiliberalen Angriffs auf die Geschichte des Liberalismus bildet daher die Entstellung der Begrifflichkeit. Polemische und gegen den Liberalismus eingenommene Kritiker entstellen die Bedeutung ganz zentraler liberaler Ideen immer wieder, indem sie die Gegenbegriffe, die ursprünglich den liberalen Prinzipien Bedeutung verliehen, durch Antonyme ersetzen, die die frühen liberalen Theoretiker entweder gar nicht beachteten oder sogar ausdrücklich ablehnten. So unterziehen zum Beispiel die antiliberalen Kritiker die liberale Idee des Wettbewerbs regelmäßig einem unvorteilhaften Vergleich mit der Nächstenliebe. Aber für die klassischen Liberalen lautete der zentrale Gegenbegriff zum Wettbewerb nicht etwa Liebe, sondern Monopol. Und wie jeder weiß, der das Verhältnis, sagen wir, eines irischen Großgrundbesitzers zu den Bauern seines Ortes untersucht hat, haben Monopole mit Liebe nicht das allergeringste zu tun. Indem die Antiliberalen also die Begriffe austauschten, gegen die die liberalen Begriffe anzugehen versuchten, machten sie die moralische und politische Motivation für die ursprüngliche liberale Verteidigung des Prinzips des Wettbewerbs unkenntlich. Mit Hilfe dieses begrifflichen Kunstgriffs, so könnte man sagen, haben das 19. und das 20. Jahrhundert zusammengewirkt, um das 17. und 18. Jahrhundert unverständlich zu machen.

Die Beispiele für den Austausch von Gegenbegriffen sind Legion, und sie sind es wert, näher betrachtet zu werden. Zunächst einmal stellen die Antiliberalen fälschlicherweise dem Skeptizismus die moralische Weisheit gegenüber. Die ursprünglichen Gegenbegriffe zum liberalen Zweifel waren jedoch falsche Gewißheit und Enthusiasmus. Das Privateigentum wird von den Antiliberalen zu seinem Nachteil mit der Barmherzigkeit verglichen, während die Liberalen selbst es als Alternative zur Eigentumskonfiskation durch die königlichen Herrscher betrachteten. Instrumentelle Einstellungen stellen die Antiliberalen kritisch moralischen Haltungen gegenüber. Wenn man sie aber, wie im 17. und 18. Jahrhundert, der Verschwendung und dem Statusdenken gegenüberstellt, erscheinen sie gleich wesentlich attraktiver. Ähnlich abträglich werden auch Rechte und Pflichten verglichen, eine Gegenüberstellung, die Rechte als engstirnig und eigennützig erscheinen läßt. Die ursprünglichen Gegenbegriffe zu den persönlichen Rechten aber waren Tyrannei, Sklaverei und Grausamkeit. Warum man aber den liberalen Kreuzzug gegen die Unterdrückung als egoistisch betrachten sollte, haben die Antiliberalen nie einsichtig machen können.

In ihrem Versuch, die liberale Theorie in Verruf zu bringen, kontrastieren die Antiliberalen auf unfaire Weise die Begriffe Vertrag bzw. Tausch mit einem wechselseitigen Altruismus. Aber der Gegenbegriff zu Tausch war nicht Solidarität, sondern eine Beziehung, in der eine Seite der anderen vollständig ausgeliefert war. Ähnlicher Art ist die von den Kritikern des Liberalismus vorgenommene Gegenüberstellung von Kompromissen zwischen verschiedenen Interessen und rationalem Konsens, bei der sich die Frage stellen muß, wie sich überhaupt jemals jemand für die erste Alternative entscheiden konnte. Aber der ursprüngliche Gegenbegriff zu einem Kompromiß zwischen verschiedenen Interessen lautete nicht rationale Übereinstimmung, sondern Bürgerkrieg.

Wenn man die Befriedigung verschiedener Interessen mit einem sich aus Idealen speisenden wechselseitigen Morden vergleicht, dann erscheint sie jedoch gar nicht so unwürdig. Und genauso erschien sie den Liberalen im Europa des 17. und 18. Jahrhunderts.

Die Antiliberalen prangern die angeblich liberale Maxime „Ich kann tun, was immer ich will“ als nihilistische Selbstgefälligkeit an und kontrastieren sie irreführend mit der vertrauenerweckenden Regel: „Ich werde tun, was die Moral verlangt.“ Aber ursprünglich stand der Maxime „Ich tue, was ich will“ der Satz gegenüber „Ich muß tun, was immer mein Herr oder meine gesellschaftliche Stellung von mir verlangen“. Die Antiliberalen vergleichen die liberale Freiheit mit Herrschaft im allgemeinen, aber die Liberalen wendeten sich lediglich gegen willkürliche Herrschaft. Eine durch Gesetze bestimmte Herrschaft betrachteten sie als die unerläßliche Voraussetzung für die Herstellung und Erhaltung einer gerechten Gesellschaftsordnung. Schließlich setzen die Antiliberalen den liberalen Individualismus durch den Vergleich mit Gemeinschaften schlechthin herab. Der Individualismus richtete sich jedoch niemals gegen alle Formen der Gemeinschaft, sondern lediglich gegen erdrückende und autoritäre Formen wie Sekten, Clans, ein Kastensystem und engstirniges Dorfleben. Weil die Liberalen das Ausmaß an Fremdenfeindlichkeit und Intoleranz verringern wollten, strebten sie die Erleichterung des freien Ausdrucks der kulturellen Identität in heterogenen Gesellschaften an. Keineswegs gemeinschaftsfeindlich eingestellt, strebten sie daher ganz im Gegenteil eine spezifische Form von Gemeinschaft an, in der die Bürger jene Zusammenarbeit, Interaktion und wechselseitige Anregung genießen konnten, die ein System von für alle gleichermaßen gültige Persönlichkeitsrechten erst ermöglichte.

Weil die Antiliberalen die Gegenbegriffe zu den zentralen liberalen Begriffen durch andere ersetzen, machen sie es schwer, die Vergangenheit überhaupt zu verstehen. Sie entstellen die Motive der intelligenten und reformerisch gesinnten Theoretiker. Indem sie den Liberalismus aus seinem ursprünglichen Zusammenhang herausreißen, entradikalisieren sie ihn und verstellen seine ursprüngliche Attraktivität. Die bedeutendsten Opfer dieser Auswechslung der Gegenbegriffe sind wahrscheinlich die zentralen Kategorien des *Eigeninteresses* und der *Selbsterhaltung*. Um diese Begriffe zu diskreditieren, stellen die Antiliberalen sie einem wohltätigen Interesse an den eigenen Mitmenschen, dem Gemeinschaftsdenken und der Hingabe an moralische Ideale gegenüber. Beinahe niemand geht auf die Gegenbegriffe ein, die den liberalen Autoren zuerst in den Sinn gekommen wären – und die sich übrigens auch dem gesunden Menschenverstand als erste aufdrängen: Selbsthaß, Selbstzerstörung, Selbstkasteiung, Selbstauslöschung und *incuria sui* – die Unfähigkeit, sich für sich selbst zu interessieren. Auch sie sind „Gewohnheiten des Herzens".

Das Konzept des Eigeninteresses, das dem gemeinsamen Angriff von religiösen, autoritären, romantischen, militaristischen und sozialistischen Denkrichtungen ausgesetzt blieb, war bis Ende des 19. Jahrhunderts gänzlich unverdient in Verruf geraten. Am merkwürdigsten daran ist, daß heute der Begriff des Eigeninteresses gewöhnlich als das Gegenteil zum Gemeinnutz dargestellt wird, als ob etwas für sich selbst zu tun notwendigerweise schon einen Mangel an Patriotismus oder den Verrat an seinen Mitmenschen bedeutete.

Entgegen der vorherrschenden Mythologie hat es keinen einzigen Liberalen gegeben, der das Eigeninteresse als *Alternative* zum Gemeinnutz dargestellt hätte. Alle Liberalen zeigten sich zutiefst besorgt über „unheilvolle Interessen", d. h. private Interessen im Unterschied zu einer gerechten Behandlung aller Menschen. Sie priesen das Eigeninteresse nur, solange es von einer Norm der Gerechtigkeit reguliert wurde, und sogar dann nur, wie Albert O. Hirschman nachgewiesen hat, weil sie es als eine praktische Alternative zu verschiedenen bösartigen Leidenschaften und Vorstellung sowie der betrügerischen Zurschaustellung wohltätiger Motive betrachteten. Um die vergleichsweise freundliche Einstellung der Liberalen zum Eigeninteresse zu verstehen, müssen wir uns nur nähere Gedanken über die ursprünglichen Gegenbegriffe dieser Vorstellung machen. Die Liberalen hofften mit diesem Begriff nicht nur, religiösen Selbsthaß und selbstverleugnenden Gehorsam gegenüber Gottes unergründlichem Willen zu überwinden, sondern darüber hinaus auch wichtige Gegenbegriffe wie Privilegien, Bevormundung, Blutrache, Neid, militärischen Ruhm und Staatsverherrlichung. Die Liberalen, die sich wohlwollend über das Eigeninteresse äußerten, traten damit nicht für radikalen Eigennutz ein. Sie wollten statt dessen lediglich zu bedenken geben, daß der einzelne sich in einer nichtaggressiven und gewaltfreien Weise selbst behaupten sollte.

Ich möchte nicht unerwähnt lassen, daß die Ersetzung der Gegenbegriffe auch eine Widerspiegelung tiefgreifender gesellschaftlicher Transformationen sein kann. Sie ist nicht nur ein intellektueller Fehlschluß. Nicht immer geht sie auf die Beschränktheit und die Manipulation der Antiliberalen zurück, sondern sehr oft ist sie einfach das Ergebnis der Sprachentwicklung oder der Sorgen der Menschen. In vielen Fällen kann man sie historisch erklären und verstehen. So wurde etwa die Gegenüberstellung von Markt und Barbarei, im 17. und 18. Jahrhundert beinahe von allen Autoren anerkannt, im 19. Jahrhundert unmodern. Die Antithese zwischen Kommerz und Barbarei verlor wegen der industriellen Revolution ihre ursprüngliche Selbstevidenz, denn die zivilisierten Industriegesellschaften begannen ihrerseits, einige unangenehme „barbarische" Züge aufzuweisen. Der Allgemeinplatz der Aufklärung, Handel würde Kriege und Tyrannei ersetzen, wurde auch durch alle späteren Erfahrungen unsanft widerlegt. Obwohl also das 19. Jahrhundert das 18. falsch interpretierte, sind diese Mißverständnisse gelegentlich als Ausdruck veränderter Verhältnisse zu begreifen. Aber selbst wenn historiographische Entstellungen sind überzeugend erklären lassen, bleiben sie Entstellungen.

Schließlich könnte die Ersetzung der Gegenbegriffe noch ein Hinweis darauf sein, daß der Liberalismus zwar in der Vergangenheit eine bedeutende historische Rolle gespielt hat, diese aber heute eingebüßt hat. Er half, Aberglauben zu überwinden, Herrschaftsmonopole abzuschaffen, mit grausamen Traditionen zu brechen usw. Aber hat der Liberalismus noch eine Daseinsberechtigung, nachdem seine ursprünglichen Feinde besiegt wurden? Darauf gibt es eine sehr einfache Antwort: Zu den alten Feinden des Liberalismus, von denen ihm eine beträchtliche Anzahl erhalten blieben, gesellen sich täglich neue. Religiöser Fanatismus ist nicht von der Erdoberfläche verschwunden, genausowenig wie autoritäre Regierungen, grausame Rechtsprechung, politische Zensur, Wahlmanipulation und Unterdrückung von Minderheiten. Der Sieg über den Faschismus und der Zusammenbruch des Kommunismus haben die Welt nicht in die Hände des Liberalismus gegeben. Grund genug, sich über die antiliberalen Kräfte Klarheit zu verschaffen, mit denen der Liberalismus in der Vergangenheit konfrontiert war und auch in Zukunft konfrontiert sein wird.

Eine Schule freiheitlichen Denkens

In der Bibliothek des entschiedenen Freiheitsfreundes dürfen als **Minimum folgende Bücher und Autoren** nicht fehlen:

Aristoteles (Politik/Nikomachische Ethik)
John Locke (Zwei Abhandlungen)
Adam Smith (Theorie der ethischen Gefühle / Vom Wohlstand der Nationen)
Wilhelm von Humboldt (Ideen zu einem Versuch, die Grenzen der Wirksamkeit des Staates zu bestimmen)
John Stuart Mill (Über Freiheit)
Ludwig von Mises (Die Gemeinwirtschaft)
Friedrich August von Hayek (Der Weg zur Knechtschaft / Recht, Gesetz und Freiheit)
Wilhelm Röpke (Civitas Humana / Jenseits von Angebot und Nachfrage)

Eine kleine „Bibliothek der Freiheit" bei Roland Baader: Der faule Zauber, Gräfelfing 1997, S. 277-285

Wir möchten auch auf die „*Breviere*", einer Reihe des HEP-Verlages, Bern, hinweisen: *Meisterdenker der Freiheitsphilosophie.* Bisher erschienen: David Hume, Adam Smith, Benjamin Constant, Claude-Frédéric Bastiat, Ludwig von Mises, Ludwig Erhard, Alexis Tocqueville, Friedrich August von Hayek, Friedrich Schiller, in Vorbereitung: Alexander Rüstow.

Wichtige Zentren freiheitlichen Denkens in Deutschland und der Schweiz sind:

Friedrich August von Hayek-Gesellschaft (e-mail: info@hayek.de)
Liberales Institut der Friedrich-Naumann-Stiftung
(e-mail: Detmar.Doering@fnst.org)
Liberales Institut in Zürich (e-mail: libinst@bluewin.ch)
Stiftung Marktwirtschaft (e-mail: institut@frankfurter-institut.de)

Von Unternehmerseite und stark praktisch-politisch geprägt die Publikationen des *Unternehmerinstituts der ASU e.V.* (e-mail: habermann@asu.de)